新旅游

——重新理解未来 10 年的中国旅游

许义 著

中国旅游出版社

当我们说“新旅游”的时候，我们在谈论什么

马蜂窝旅游联合创始人、CEO　陈罡

2017年，我在一次公开演讲中首次提到“老旅游死，新旅游生”。彼时正逢新旧旅游交替，我对老旅游“生死劫”的判断，业界反响颇为强烈——老旅游靠资源取胜，靠信息不对称获取用户；而新旅游，以内容为核心，靠产品、服务和品牌决胜。

自2020年经历新冠肺炎疫情以来，旅游业受到的巨大冲击和残酷洗礼全球共睹。而今，我们所谈论的“新旅游”似乎比以往更近了一步——“新旅游”的终极意义，是提高游客旅游消费决策的效率，提供给游客高品质的体验。旅行玩乐内容正成为在线旅游平台的基建和标配，但相比大多数内容平台提供的碎片化信息，“新旅游”平台必须有能力提供更高效的内容，把攻略做到极致，把旅行工具做到极致。相应地，旅游供应商也要打造更有场景感的沉浸式旅游产品，简单地逛景点或者跟团游，会逐渐退出旅行的主流舞台。

“新旅游”一直是马蜂窝旅游倡导和引领的方向，许义的这本书，发布在疫后旅游行业复苏的当口，值得业界同人读一读，他对“新旅游”作了系统的描述，更有各类运营详细的方法论。

在我看来，若要高度概括“新旅游”所代表的更新的未来，那就应该是：平台提供更优质的内容，游客进行更高效的决策，产业链创造更高品质的服务。

大家早期可能都有把马蜂窝的攻略打印出来去旅行的经历吧？在自由行刚刚

兴起的时候，游客为了获取靠谱的旅行信息，都喜欢在旅行时把攻略随身携带。现在，一部手机就可以解决信息差，从微信朋友圈，到微博、抖音等社交媒体，旅游信息都呈爆炸式增长。但因为产品供应链不完备、信息过于纷乱零散等问题，这些信息依然不能有效解决出行问题。“杀时间”的碎片化信息越多，能够帮游客省时间、高效的信息就越被需要。

疫情以来，我强烈地感受到所有的旅游攻略都需要在疫情之后重做一遍，旅行产品的开发也需要从简单的“抵达”走向纵深的“体验”。这是因为，游客的旅行方式发生了根本性的变化：周末游、短途游、度假游增多，旅行已经变成了人们的日常，大家对旅行的体验感有了更高的要求。

比如，重庆李子坝轻轨站因其穿楼而过的“魔幻场景”成为新晋打卡地，我们的“北极星攻略”提供了专门的“山城赛博朋克打卡指南”，把李子坝轻轨站“出片率”最高的拍照角度总结给游客，这才是新旅游攻略应该具备的技能。年轻游客不会仅因为“买买买”去澳门，但会因为一场“格兰披治大赛车”和独特的Team Lab体验慕名而去；呼伦贝尔在疫情期间成为火爆的旅行目的地，如果仅仅因为其胜似芬兰的自然风光，不足以吸引那么多游客，但由于我们提供了可以与麋鹿近距离接触，甚至可以在麋鹿栖息地安营扎寨的深度体验，很多年轻旅行者才纷至沓来。

显然，对于旅游产业链上的供应商来说，简单的流量思维和唯GMV思维，早已过时。即便是超级流量平台，也很难提供高效的转化链条。有效的解决方案一定是专业对专业、平台对产业——平台对高品质的供应链进行扶持，产业链上下游借助平台开发深度体验，触达更广泛的游客。

我最想表达的，还是对旅游产业的极大信心。全球旅游业在疫情之后“百废待兴”，中国依然拥有令世界艳羡的旅游人群和旅游市场。期待广大业界同人勠力同心，在“新旅游”时代，我们一起为中国旅游业更高质量的发展贡献自己的力量！

旅行的本质是什么？

VIVA 旅行家创始人　老 K　达蚊西

许义写《新旅游》期间，我正在策划一场跟随阿勒泰牧民的转场旅行，想借此找到草原旅行一些新的可能性。

当时我们并不认识，但现在回想，冥冥之中好像的确有一根线将我们联系在一起。

第一次见许义，我们并没有聊很多很深，大家只是基于自己所做的事情聊了大概的想法，他例行观察不同类型组织的成长轨迹，我则作为一个旅行手艺人，和以往没有什么不同地阐述自己对旅行的感受。

但在一个小时的沟通里，有几个点却成为后来我们一约再约的理由，并就此建立了深厚的讨论基调。

讲解

那是我们聊到祁连山旅行的时候，聊到《国家地理》关于祁连山的介绍，我们讨论起一个为后来数次会面埋下伏笔的问题——

“如果一次祁连山的旅行，没有讲解到位，会不会造成旅行感的丢失呢？”

答案是肯定的。

即使在疫情影响的 2020 年，至少也有数千万人奔向大西北（新疆去不了），而在这数千万人里，无论是在河西走廊，还是在柴达木大火的一个个盐湖，又或者在内蒙古一个又一个惊赞的沙漠，如果这样的旅行里，没有人提到过祁连山之于本次旅行的意义，那么或多或少，这样的旅行是有缺憾的。

《国家地理》这么阐释祁连山："祁连山像插进西部干旱区的一座湿岛。如果没有它，中国大西北，将变成沙漠一片。"

我俩就着这句话，又聊到河西四郡，我们希望有人能在走到那里的时候，在一条河面前停下来，对着祁连山的方向，和我们说："你看，大名鼎鼎的河西走廊，那么多传奇来来往往，那么多故事名垂青史，其实都是从祁连山流下来的。"

或许那条河，不是什么知名的景点，甚至在有些季节是干涸的，无迹可寻，但停下来，哪怕只是5分钟，哪怕只是三两句话，给我们一个停留、仰望的时刻，我想在以后很长的时间里，再次回望河西走廊的旅行，那个瞬间会是让我们心动并常常想起的瞬间。

于是我们继续聊下去，讲解到底是什么？讲解是为了什么？单纯地告诉别人知识吗？

如果追问下去，那知识对于旅行来说意味着什么？如果仅仅是为了获得知识，那么在家里读书就行了。

这种追问，是有意义的。

我俩一致同意，讲解是为了旅行感。

不能带来旅行感的讲解，是无意义的。

旅行感

这是另一个我们常常聊起的话题，我们出去旅行到底为了什么？山又带不走，草原也带不走。

拍照片或许可以留下一些记忆，但再好的照片能表达的也只是旅行里的冰山一角。

那么，旅行，到底为了什么呢？

传统的旅行解构下来，食、住、行、娱、购，还够用吗？

我问许义："你在回忆一次旅行时，通常是怎么回忆的，或者说，当你忽然想到某一次旅行，你首先想到的是什么？"

他说："也许是一个个瞬间。"

"是一张张照片吗？"我继续追问。

"倒也不是，应该是一种感觉。"

是的，我们对一次旅行的回忆，并不是用照片连起来的线性叙事，而是一个又一个塔尖体验点。在那些点上，你的感官被全部打开，你看到的不仅仅是一张照片有限的构图表达，还是自己在那个场景下所有感官被打开的情绪状态，你遇见了一个从未有过的"自己"。

你的旅行，在遇见那些点之前，是在赶路；而在遇见那些点之后，也只剩下了赶路。

我们聊到这句话时，应该是我和许义第三次见面，当时他的《新旅游》应该快收尾了，他说这个观点倒是第一次听，但的确有一些值得延展的地方，作为一个从业者，假如我去重新思考线路设计和服务管理，对于我的目标用户，我怎么设计这样一个个点呢？

用户

这是《新旅游》说到最多的一个词，许义从很多角度来阐释、解构、设计：未来10年，该怎么去理解用户？怎么设计可复制的体验？怎么增加用户的互动次数和质量？怎么基于用户构建组织竞争力？等等。

这些是我从这本书学到最多的地方，也是许义常常提醒我的地方。

他常说："我提'新旅游100'、创建谱见，我说为了下一个旅游10年，其实并不是说我要做到多大、多么令人瞩目，而是我所做的每一件事情都对别人有价值，如果不能那样，一切都是错的。"

许义，是有“用户”价值执念的人，所以，他常常提醒我多想想未来。他说：“虽然中国的旅游业足够大，大到守住自己的一亩三分地也能过得不错，但是如果你看不见未来，你会做得很没劲。”

未来

这本书里，许义用了13个维度对新老旅游做了对比，着实让我开了一把眼界，我也用VIVA旅行家仔细和他一条一条算下来，发现自己还有很长的路要走。

所以常常，我会向许义表达一种焦虑：旅游业的未来无比开阔，但也是一片深邃无垠的海，到底哪里才是属于自己的岸？在那些确定性和不确定性里，如何找到自己的定位呢？

他却说：“我们才30岁，还很年轻，哪怕是已经做旅游做了十年，也只是一个开始。”

他让我试着想想：

一个小众旅行组织，小众的所有前提都是他的产品，如果产品是错的，那么一切都是错的，但什么是产品呢？产品的本质是什么呢？当用户发生变化时，产品能够跟上吗？甚至，当用户自己都没有意识到但本来应该有的需求，产品能否引领那种需求呢？

这是许义提给我的问题。

忽然想到十多年前看到阿兰·德波顿《旅行的艺术》里，他写到他在去到普罗旺斯的一次旅行，当时旅行组织为了让他真正走进梵高在普罗旺斯的经历，会随身携带一本印刷制品，每到一个作画的场景，就会打开梵高的一幅画，将旅者带入梵高的世界。

这件事情给我印象很深。

所以后来我在VIVA旅行家的创业历程里会一次次借鉴他们的做法，我们尝试在青海湖边带队员念海子的“青海湖上，我的孤独如天堂的马匹”，我们尝试在元阳梯田的老虎嘴给队员说“你的一眼，是哈尼人的 1300 年”。

我们也看到了队员因为这些设计、这些表达，而与一个个远方产生了更加强烈的联结。

但，这太少了。

因为，中国太大了，世界太大了，旅行太大了。

如果未来，中国有上百家、上千家小众旅行组织，专注某一个远方、某一个形式，守住某一片山川湖海，将那些远方所拥有的美好旅行感，落实成一个个精巧的旅行设计，并以此一次一次点亮远道而来的旅人，让他们从日常的循规蹈矩里跳脱出来，拥抱一个个全新而美好的在路上的自己。

那可能，就是许义和一个个像我这样的旅行手艺人所期待的未来。

名家推荐

最早认识许义是在他离开携程以后，他在自己的公众号：Travel 星辰大海，持续地写下对新旅游的原创思考，而我同时在做一个专注青年人旅行的新旅游公司。

说实话，第一次阅读他的文章时，我是挺意外的，意外于他如此年轻，但对于旅游行业的商业逻辑却有着深刻的理解，思考如此成熟老辣。毫无疑问，他是一个非常善于学习并且总结底层逻辑的人。

我和许义都能感知到我们所处的旅游行业正在进行着颠覆性的革新，如果缺少前瞻性的眼光，必然被时代抛弃。《新旅游》这本书，对未来旅游行业的产品、服务、流量、传播、用户运营、品牌等方面都进行了系统总结，有很多实用的理论与方法，如果你有志于从事旅游行业或正在从事旅游行业，相信这本书将为你打开一扇门，带来新的想法或思维方式。

行影旅行 CEO　蔡腾昌

我国旅游业从改革开放以来经历了多个时代，旅行社的业态、产品以及营销服务的方式都随着人们生活水平不断提高和科技水平不断提升发生了翻天覆地的变化。

未来旅游业还会变化，未来旅行社也必将随着市场环境不断变化。人们的需求会变，人们获取信息的手段会变，人们对品牌认知的偏好也可能变。但是，产品和服务作为旅行者和旅行社的核心价值不会变。

因此，未来旅游的服务商，不论是在线还是实体，能够为游客提供适合其需求的产品，提供客人满意的服务将是他们永远的追求。

当然，在过程中如何才能跟上时代步伐，如何让自己与客人之间互动更加顺畅，如何让自己的效率提升得更高，这些都需要旅游服务商不断学习提升。许义在《新旅游》中所提出来的对新旅游的理论认知和实际探讨，可以给我们带来启发。

携程集团副总裁 旅游渠道事业部CEO　张力

旅行能提升生活的幸福感，旅游人的使命就是努力成就更多人的完美旅程。2021年业内在经历反复生存考验后，满怀期待迎接市场的全面复苏，同时也感知到客人的消费习惯和旅行决策方式都在发生着变化，如何在变革中快速应对，保持优势或弯道超车，是摆在所有旅游人面前的课题。

许义是业内难得兼具实践经验和理论总结的观察者，他敏锐地观察到客户端的变化趋势，也长期零距离地和业内同行保持深度沟通，这些思考值得推荐给一直在路上的旅游业同行们。

携程主题游　张洁

《新旅游》对旅游人来说是一本既有理论性释解，又有实操性指南的工具书。

鸿鹄逸游－携程太美旅行CEO　郭明

认识许义是在2018年中国产品经理大会上，他用40分钟的时间分享了《新旅游业态下的增长创新》，现场我看到很多人掏出手机和笔记记下他对旅游互联网的理解和判断，此后我也常常看到他在人人都是产品经理上不断输出对于旅行、互联网和用户体验的实践案例和思考。

很高兴能够看到他把互联网的流量、运营、体验和交互思维加进旅游业，并且系统地整理成书，相信《新旅游》能够给旅游和互联网领域的同学带来启发和帮助。

人人都是产品经理、起点学院创始人兼CEO　老曹认识许义是在2018年，他还在携程，当时“新旅游”还是小众趋势，他能够最早捕捉到旅游行业的细微变化并做了很多业务层面的长期研究，在这个领域他是非常投入的。

每年我们都会见面关于“新旅游”做一些交流探讨，我个人也受益良多，很高兴看到他能够将这些思考整理成书，相信这本书能够带给旅游创业经营者足够的启发和帮助。

32号创始人兼CEO　卡尔范

我理解的未来10年的新旅游，市场赛道和产品类别将更加细分，商业模式也将从过去的追求流量转移为眼下的深耕运营。

旅游企业需要真正从消费者的用户需求入手，设计出真正适合中国消费者的旅游产品，企业之间的竞争也将重点围绕产品交付品质和运营管理效率。

很欣喜这些在许义的这本《新旅游》中，都能看到，相信这本书能够给业内的企业经营者提供思考和启发。

乐游旅游集团副总裁　彭翠

看完许义的《新旅游》，我觉得新旅游是结合用户需求和用户价值，探索产品、服务、内容和渠道的再次创新，不断满足和适应新的市场和消费者的新型旅游发展经营模式。

作为一个参与新疆旅游20年发展的创业老兵，我还想保留一份热情与激情，和国内更多像许义一样不断思考新旅游的年轻人一起，再去探索新旅游的下一个10年。

新疆全域文旅董事长 新疆维吾尔自治区景区（点）协会副秘书长　王守存

自　序

2018 年的时候，我还在携程工作，距离携程成立的 1999 年正好接近 20 年，因为大学毕业后的所有工作经历一直在做旅游互联网，有感而发我写了一篇《在线旅游 20 年的过去现在和未来》，当时的虎嗅、36kr 以及旅游行业的很多媒体都转载了这篇文章，阅读量有百万次，成为当时总结中国旅游过去 20 年发展和未来思考传播最广的一篇文章。

时间来到 2020 年，全人类遭遇了不可预见的黑天鹅事件：新冠肺炎疫情。旅游消费降至冰点，直到 2021 年的今天，疫情对旅游行业的影响还在继续，全球的航空公司、酒店集团、老牌旅行社先后出现了大量的破产、倒闭和裁员，旅行行业内的大小企业重新洗牌，从业人员大量失业，过往运行多年的经营模式开始受到挑战和怀疑。

人们开始把对旅游行业的长期热情切换到眼下的生存发展和对未来不确定的焦虑之中，尤其是疫情常态化下，旅行行业会如何发展？未来 10 年的旅行行业会好吗？成为行业内频繁讨论的话题。

从 2018 年开始我一直在公众号“Travel 星辰大海”上，坚持每周一篇关于“新旅游”的原创分享，获得了旅游同行不少的阅读和转发，很多文章引起全行业的关注和讨论。2020 年新冠肺炎疫情期间，关于中国旅游未来发展的趋势演进、流量变化和产品思维的原创分享更是受到多数人的欢迎，不少公司有意识地组织学习、讨论，我也被一些旅游局、企业公司邀请做新旅游的专场分享，大家对于新旅游的学习热情都很迫切和关注。

能不能把这些零散的理论和业务案例，加以浓缩、提炼和深化，做更深度系统的研究和整理，整个 2020 年我带着“什么是新旅游”这样的疑问，结合自己的业务实践和企业项目，不断思考、走访，希望能做更系统地梳理和总结。

在过去走访过不少企业、参与过大量实践案例的基础上，终于在 2020 年年末，我有了将这些内容整理成书的想法。

为什么我想要写这本书

2021 年我 31 岁，未来 10 年正好是我的 31 ~ 40 岁，我很期待在人生非常关键的下一个 10 年里，我的人生质量会怎样。这离不开我所做的工作和所在的行业，从毕业的第一份工作直到今天，我一直在旅游互联网行业工作，经历了过去移动互联网发展的关键时刻，又非常喜欢和长期专注于旅游行业，不仅关于过去有很多经验和总结，对于未来，也有很多好奇和想象。

人人喜欢关注短期，但我们都活在长期，疫情影响了中国旅游眼下几年的发展，但用户需求的变化、商业效率的进步、技术的不断发展等一些本质的东西长期来看仍然不会发生改变，如果把每天的目光盯在当下，所做的决策会非常局限。真正值得思考的是更加长期的事情。

未来 10 年的中国旅游会和过去一样吗？

我想以我的长期观察和探究视角，透过眼前一个个细微的变化，看到旅游发展的底层逻辑和未来趋势，给长期坚持在旅游行业的人一些启发和帮助。

为什么我可以写这本书

2019 年我离开熟悉的携程，之前是在同程旅游担任高端海岛产品总监，毕业以后的所有经历都在探索“新旅游”，经历了途牛上市、“双程”大战、一元门票、同程二次创业、携程平台化 3.0、同程艺龙合并上市、携程主题游……几乎见证了在线旅游辉煌鼎盛的高速发展阶段，很感谢这段时期，个人能力和视野可以获得极大的成长和提升。

现在每年我都会接触到100位以上的旅行行业的经营创业者，常常参与旅行公司的一些具体商业项目，也去一些旅游局做未来旅游发展的一些分享，今天旅游行业的新旅游公司，我几乎都有过分享和交流，与这些公司的创始人也经常有一些沟通，大家都在以自己的方式探索和改变未来的中国旅游。

我的个人公众号“Travel星辰大海”，坚持分享我的行业观察以及对未来旅游发展的原创思考，关注用户10万+，他们大多数是旅行行业的创业者、CEO、企业负责人和旅游院校的学生，过去我常常收到来自世界各地读者的感谢和礼物，能够给别人帮助和价值，让我觉得持续分享很有意义。

2020年我创立了谱见文旅，“‘谱’是专业标准，‘见’是观察发现，传递有价值的文旅洞见，影响新旅游下一个10年”，“影响和改变”是我创立谱见的初衷，影响中国旅游经营者重新理解旅游经营，改变和提高旅游消费者的旅行体验，下一个10年，我希望能够在新旅游的道路上多走一步，可以给行业提供更多的价值。

很多场合我对自己的介绍不是创始人，不是创业者，不是在大公司的职位Title，不是互联网运营专家，而是“我是许义，长期关注新旅游”，正是因为过去10年的长期关注，以及长期与行业内大量企业交流和业务实践，支撑和构建了我对“新旅游”从最早的概念提出到未来发展的理论体系和实际经营中的业务认知。

一直以来，旅游行业都缺少复合型的互联网人才，有互联网思维和技术背景，能够深入一线，拥有丰富经历且能够将业务实践提炼成理论基础完成系统表达的人，少之又少。从同程、携程和互联网平台再到中小公司创业的复合经历，以及长期对旅游行业的关注和研究让我对旅游行业的理解比大多数人更深刻一些。

正是因为过往的这些经历、实践、思考和发现，让我敢于向前一步深入地好奇旅游行业的下一个10年，如何理解未来10年不是写书期间的单次行为，而是长期关注的行为习惯，我希望 10 年以后，回过头来看这本书，它依然不是过时的，而是有启发、有脉络、有关联、有生命的。

这本书适合谁

从规划这本书写作的开始，我同样以一个商业产品经理的视角思考目标用户和它能提供的核心价值。

用户是谁：

旅游企业的经营者和从业者

这本书首先源于我的业务经历和看过行业新旅游公司的体会心得，其中有不少的业务操作案例，如产品设计和用户运营，无论从消费端的需求变化还是流量、产品、用户端的经营方法，它都是一本可以提供给你业务思考和经营思路的实战参考，书中的大量案例来源于我参与的多个项目，具有实际的经营指导意义。

旅游高校的学生、学者

因为关注“Travel 星辰大海”的用户中有较多旅游管理相关的专业学生，不少的学生读者常常反馈学校书本和知识迭代速度的落后，我的本科专业也是旅游管理，这本书在写作过程中依然保留了我学生时代研究课题的写作和思考习惯，对高校学生了解校门之外旅游行业的真实情况非常有帮助，既有理论基础，又有行业案例。

最后，这不是一本总结过去的书，这是一本写给未来的书；这不是一本出自学者、专家的理论教科书，这是一本结合旅游行业经营实战又将经验思考提炼成理论基础的书，书中内容和案例来源于我长期的行业历练和业务经验，同时也凝结了我对中国旅游未来 10 年发展的思考。

未来 10 年是“新旅游”的 10 年，我希望通过这本书影响更多关注未来的人，让中国旅游可以因此变得更美好。

准备好了吗？现在就请你和我一起进入新旅游的未来 10 年。

什么是新旅游?

什么是新旅游?

常常有人这样问我，一直以来我都很难直接回答，“新旅游”的提出源自我在公众号的原创内容分享，最早一次公开提出是在2019年参加上海的产品经理大会演讲中，后来渐渐被旅游行业的人接受、认可和讨论，但关于“什么是新旅游”还没有人真正说清楚。

在回答什么是新旅游之前，我们先看看中国的旅游是如何一路走到今天的。

中国旅游事业的发展经历了40年，其中印象最为深刻的变化发生在最近10年。

2010年的时候，智能手机还未兴起，我们没有抖音、微信，旅行社主要依靠线下，很多人还没有出过国，去哪儿、途牛、马蜂窝刚刚成立没几年。随后的10年，因为移动互联网的兴起，中国旅游业迎来了飞速发展，今天的飞猪、携程、马蜂窝、同程、美团都在过去10年借助移动互联网的发展红利，获得了旅游消费互联网的一席地位。

如果以10年为一个周期的话，在1999—2010年的10年间，中国旅游完成了互联网+旅游的萌芽和启动，2010—2020年的10年间，实现了旅游消费互联网的集中爆发和模式成熟，旅游消费上有了国内、出境、入境旅游的大发展，很多人有了自己人生的第一本护照、旅行出了第一趟远门，旅游行业内有了地接社、批发商、组团社、线下门店和在线旅游公司，产品形态上有了购物团、观光团，也有跟团游、自由行，多种经营方式并存。

如果站在今大看过去的中国旅游业:

过去的竞争大多停留在流量端的竞争，无论线下还是线上过度注重渠道和分销，不注重产品、服务和用户体验。

过去的旅游经营习惯是层层代理、层层加价，依靠信息不对称和资源壁垒，如包机、重仓、切位获得销售和价格优势，不注重用户交互和深度运营。

过去的旅游行业发展大多围绕价值传递，创新和经营的重点放在产品怎么卖，不注重产品原创、服务体验的价值创造。

过去的游客旅游经验少、旅游消费需求易满足，大巴团、购物团、低价团盛行，用户弱势。

过去的旅游行业互联网改造大多围绕消费互联网，还有很多旅游企业没有联网、缺少数据库，信息的交互和流动依靠 Word、Excel 和手填单。

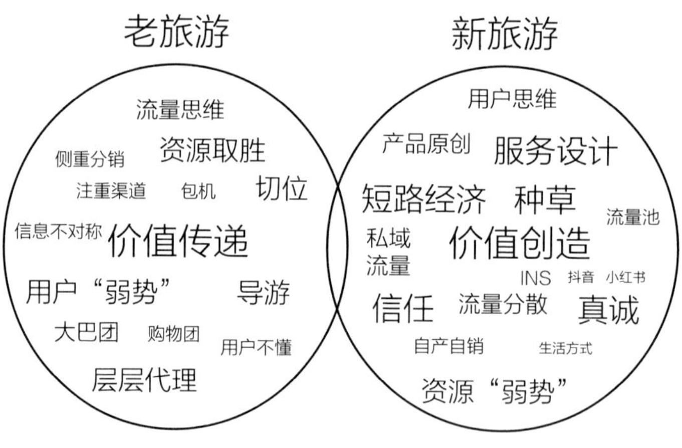

新老旅游关键词对比

什么是老旅游?

没有品牌定位和用户经营、不注重服务设计和用户体验、缺少专业性、过度依赖渠道、交易效率低下、依靠信息不对称的复制粘贴经营模式。

未来10年，以往的消费需求逐渐被满足，新的人群正在成长，流量渠道变得多元、产品链条不断缩短、货架电商渐渐乏力、新的模式不断涌现。

如何设计用户真正需要的产品？

如何管理用户的体验和情绪？

如何增加一次旅行的获得感？

如何提高产品的表达力，增加可感知的用户价值？

如何和用户做朋友，收获认可和生意？

如果站在今天看未来10年的中国旅游业：

未来10年的中国旅游业，不再只是流量端的竞争，流量只是开始，还有产品、服务、用户、品牌、数据多维度的综合竞争。

未来10年的中国旅游业，短路经济成为主流，以往的交易链条不断受到挑战，资源商、地接社正在尝试通过视频号、小红书等各种表达工具获得直面用户的机会，组团社、零售商也开始直接寻找优质的目的地资源，做全产业链。

未来10年的中国旅游业，发展重点不仅仅是价值传递环节的优化，还有价值创造环节的改造和延伸，产品原创、服务设计会是旅游企业经营能力的标配。

未来10年的中国旅游业，将会面对更多新中产旅游消费需求的延伸，他们已经看过世界、经验丰富，对品质、体验、颜值、审美甚至消费背后的价值观有着超越以往的要求。

未来10年的中国旅游业，互联网改造的重点是产业互联网，企业联网、数据在线，交互智能，旅游行业的信息化水平和数字化能力大大提升，商业效率大大提高。

什么是新旅游？

以消费用户为出发点、注重产品原创和服务设计，有明确的价值主张和品牌定位，具备数字化、精细运营能力，交易效率不断提高、和用户做朋友、坚持为用户创造价值的长期经营模式。

新老旅游经营模式对比

	老旅游	新旅游
品牌定位	无品牌、无定位	有定位、有理念、有价值观、有颜值、有调性、有信任
流量类型	渠道流量、用完即走	健康自有可持续、流量复用
用户运营	有生意无用户	从认识到购买，和用户做朋友
用户价值	单次价值	多次价值
互动方式	广告、客服	内容、场景、社群、活动
产品设计	行程叠加、产品同质	实地考察、原创设计
服务体验	随机不可控	可复制的美好旅行体验
企业状况	低效、经验主义	高效、科学思维
核心能力	资源、渠道、信息不对称	创意、设计、经营能力
数字能力	不在线、不联网、不交互	连接、在线、互动
用户需求	观光、度假	休闲、深度、体验、参与
产业链条	资源—地接—批发—组团—用户	资源—组团（地接）—用户
行业侧重	传递价值	创造价值、传递价值

新冠肺炎疫情让“传统”旅游加速死亡，但是以更长的时间周期来看，在人类社会不断发展、商业不断向前的历史进程中，死亡是欣欣向荣的代价。

今天已经很少有人记得南京西祠胡同、百德勤、青旅在线、芒果旅游网、现代运通、商之行，很少人知道徐祖荣、唐越和吴海，但在21世纪刚刚开始的时候，恰恰是属于他们的时代。

今天我们提到的“传统”旅游在10年以前正好流行，今天我们习以为常的“流行”和新消费，在10年以后也会变成历史中的“传统”。

新老交替、老旅游死新旅游生会成为未来10年旅游行业变化的主旋律。

眼前的疫情发展和全球局势的不确定性，让我们不得不关注每天、每周、每月的疫情进展和政策变化，如果以一个相对长期的视角多看一眼未来，或许会让我们对于旅游行业的长期信心更加坚定。

本书第一章的内容是解释未来10年中国旅游发展的社会、经济、人口等关键变量。

本书的第二章也是本书的写作重点，内容围绕新旅游经营正在面对的商业环境和企业需要具备的经营能力，从产品原创、服务体验、理解流量、产品表达、用户运营和数字化能力等8个维度，给出了我的观察和理解，书中大量经验和心得来自我这几年对行业的观察和业务实践，其中大部分案例我都亲自操盘和参与。

本书第三章的内容是围绕未来10年不断壮大的新旅游业态，其中主题旅行、户外旅行、定制旅行和精品住宿都是疫情之前我比较关注和研究的重点，这部分的很多内容来自企业的走访和人物对谈。

本书的第四章是最近几年接触的旅游行业创业经营者带给我的一些思考和反馈，也有我研究过去10年中国旅行创业经营史的一些心得，包括自己踏上文旅创业之路后的一些感受。

我们理解世界的速度永远慢于世界变化的速度，没有人可以准确地看到未来，我更愿意把对“新旅游”的关注当作一种长期的思考习惯，以一个相对长期的视角来审视今天的决策判断，去思考一些关于行业发展、需求变化和未来商业最接近本质的东西，透过趋势看到影响未来的力量。

2021年，中国旅游业从互联网正式进入行业已经走到了第22个年头，这个行业每过10年都会陌生得像是另一个时代。接下来的旅游10年，对于有些人，一切才刚刚开始，对于另外一些人，过去拥有的青春与辉煌，只能留下一个惆怅的身影。

相信每个旅游人在这本书中都能找到自己对于未来的理解和答案。

许义个人公众号：Travel 星辰大海

目录

第 1 章 未来 10 年　新旅游发展的关键变量

第2章 未来10年 新旅游经营需要的八项能力

第 3 章 未来 10 年 不断放大的新旅游业态

第4章 未来10年　新旅游赛道的创业选择

附 录

后 记

第1章

未来10年　新旅游发展的关键变量

1.1 社会经济的大发展

2030 年，我们的国家会是什么样?

这是我在写本书的过程中首先想到也满怀期待的话题，旅游的发展离不开国民经济，更离不开国家的宏观政策、公共交通等。

按照党的十九大确定的“两个一百年”奋斗目标的时间表和路线图，2020 年全面建成小康社会，实现第一个一百年的奋斗目标，接着开启全面建设社会主义现代化国家新征程，向第二个一百年奋斗目标进军。第二个一百年奋斗目标经历两个阶段：第一个阶段，从 2020 年到 2035 年，在全面建成小康社会的基础上，再奋斗 15 年，基本实现社会主义现代化；第二个阶段，从 2035 年到 21 世纪中叶，在基本实现现代化的基础上，再奋斗 15 年，把我国建成富强民主文明和谐美丽的社会主义现代化强国。

2030 年的人均收入

中国旅游的发展如果溯及源头，在第一个 10 年初创发展期，中国人均 GDP 只有 154 美元，到第二个 10 年，1994 年开始研究推动国内旅游发展时，人均 GDP 才 317 美元，而到 1998 年研究“国民经济新的增长点的时候”，人均 GDP 已经达到 873 美元。

再到第三个 10 年，国家经济持续发展，2006 年人均 GDP 超 2000 美元，2010 年超 4500 美元，2015 年超 7000 美元，而 2017 年已经 8800 美元。

2020 年中国人均 GDP 已经突破 1.1 万美元，全球 70 亿人口超过我们的只有 10 亿多了，这在我们 14 亿人口的国家非常不容易。

在《2030 年的中国》一书中提到，2030 年中国将成为真正意义上的世界经济强国，中国 GDP 总量相当于美国的 2.0 ~ 2.2 倍，成为高收入国家，中国人均 GDP 相当于美国的 52% ~ 56%。

摩根士丹利在《中国城市化 2.0：超级都市圈》这份长达 154 页的蓝皮书报告中认为，随着中国城市化 2.0 以及超级都市圈崛起，中国将拥有巨大的潜力来拉动经济增长，预计到 2030 年，中国城市化率将升至 70%，增加 2.2 亿“新市民”，届时，中国人均年收入有望从目前的 9450 美元增加到 2030 年的 17800 美元。

在 2035 年中国将成为中等发达国家，人均 GDP 将超过 3 万美元。

未来 10 年，拥有 14 亿的人口大国已经接近高收入的边缘，14 亿人追求美好生活的愿望已经被唤醒，党的十九大也指出：经过长期努力，中国特色社会主义进入了新时代，我国社会主要矛盾已经由“人民日益增长的物质文化需要同落后的社会生产之间的矛盾”转化为“人民日益增长的美好生活需要和不平衡不充分的发展之间的矛盾”。

世界旅游组织此前的研究表明，当人均 GDP 达到 2000 美元时，休闲游将获得快速的发展；当人均 GDP 达到 3000 美元时，旅游需求将出现爆发性需求；当人均 GDP 达到 5000 美元时，整个社会将步入度假旅游经济。

虽然还没有权威数据给出人均 GDP 突破 1 万美元、2 万美元以及 3 万美元以后的旅行消费对总消费支出的占比，我们非常有理由相信，随着未来 5 ~ 10 年中国经济的快速发展，人均 GDP 水平稳步提升，尤其是随着中等收入阶层规模的不断增加，旅游消费预期会得到极大释放，旅游参与者规模将迅速扩大，旅游产业规模不断扩张，这也很好地解释了旅游产业是随着社会经济发展生生不息的朝阳产业。

铁路交通的网络覆盖

旅游首先需要的是发生位移，大交通就成为制约旅游发展的关键要素，没有飞机、铁路、公路交通的大发展就很难孤立地谈旅游发展。

铁路交通是国民经济大动脉，在推动经济社会发展中发挥着重要的支撑引领作用，1894 年中日甲午战争时期，中国铁路总量仅为 500 公里，而同期的美国铁路长度已达 28 万公里。“二战”末期，中国可使用铁路总长仍停留在 2.25 万公里。

直到 2004 年，中国尚无一寸高铁。2019 年 1 月，中国高铁通车里程达 2.9 万公里，商业运营时速最高 350 公里，达到世界之最，经过 5 年冲刺，中国高铁技术跨入世界领先行列。

根据《中长期铁路网规划》，中国铁路到 2030 年将实现内外互联互通“四纵四横”的高速铁路网升级为“八纵八横”，到 2030 年，中国铁路版图将基本实现“省会高铁连通、地市快速通达、县域基本覆盖”，2030 年，高铁网基本连接省会城市和其他 50 万人口以上大中城市（图 1-1）。

随着高铁、高速等交通设施网络的更加密集，中国人的旅游出行也变得空前的方便和高频，“人离风景更近了”。多远的风景在接下来的 10 年里都变得更加触手可及，说走就走，人们也可以把更多的假期时间留在目的地的深度体验上，“旅”少了，“游”更多了。

图 1-1　中长期铁路网规划

“十四五”规划的政策红利

2021—2025 年是我国国民经济和社会发展第十四个五年规划时期，“十四五”规划也是开启全面建设社会主义现代化新征程的第一个五年规划，也是文化和旅游部组建以来的第一个五年规划，对我国文化和旅游业发展具有非常重要的指导意义和方向指引。

中国旅游产业的发展在每个阶段都会按照国家发展战略提出要求和具体路径，“十一五”“十二五”开始提出“综合产业”“大旅游”“旅游 +”，“十三五”演进为“全域旅游”，这个战略工具成为各级党委、政府的主要工作抓手和方向，从而推动了旅游业的大发展。

“加快形成以国内大循环为主体、国内国际双循环相互促进的新发展格局”是“十四五”规划新的指导思想，通过供给侧升级激发高质量发展新动能，扩大国内消费、提升入境旅游、形成出境旅游产品的替代，满足更高水平的人民生活幸福需要。

规划提出要重视高质量发展、呼应新发展格局，突出文旅融合、强化文化认同，加快上云用数赋智、推动数字科技创新；要认识到生活品质大提升、责无旁贷再启程，人均收入再迈大台阶、市场需求再筑厚基础。

以上，无论从经济、政策还是公共交通设施的外部环境，都给下一个 10 年的中国旅游发展创造了更好的环境、提出了更高的发展要求。

1.2 技术变革的加速度

技术变革正在深刻地影响未来商业的进程。不夸张地说，未来10年科学技术的进步会超过过去100年科学技术的进步，云计算、物联网、大数据、5G、VR、人工智能、互联网等，科技将以席卷的方式更加快速地改变着我们的生活和旅行。

10年前我们还没有智能手机，10年后的今天，智能手机极大地影响和改变了中国旅游的发展进程，从未来看现在，技术变革对旅游旅行和旅行经营的影响充满想象。

未来10年技术变革对旅游行业的影响具体体现在2个大的方向，To C的用户体验和精准触达、To B的经营效率提升。

旅行体验的极大提升

5G的发展会让流量变得更加便宜、网络通信更加顺畅，会极大地方便人们对于旅行产品的预订、目的地信息的捕捉、人与风景的交互。

VR和AR的发展有没有可能实现在家里看到风景、体验“云旅行”呢？

坐在家里看日本的樱花和青海的油菜花、感受黔西南的民族风情、收获敦煌的文化讲解，在今天这一切似乎离真实旅行的体验感还有一定距离，但在未来随着交互体验技术的成熟，一切都有可能。回看我们对于旅行目的地的了解最早源于诗歌、文字、攻略，然后进入读图时代，后来有了视频、直播，体验的层次感在不断加强，云旅行不能替代真实旅行，但在体验上可以实现弥补和叠加，这同样值得期待。

还有研学旅游和老年人的旅游，在过去甚至今天，孩子跟随学校、老人跟着旅行社报名出游，作为父母和子女都不够放心。有没有可能在未来实现旅游全过程的实况直播呢？老人不再被骗、孩子也足够安全，家人只需要通过手机就可以了解旅行中的实际状况，还可以一起分享远方的喜悦，这在技术上是完全可以实现的，只是数字化对旅行服务的应用还没有走到这一步。

旅行体验的提升还体现在旅游出行更加智慧，每到节假日旺季，都可以看到景区拥挤的人潮，大大影响了旅行体验。随着数据算法、计算能力、万物互联技术的成熟，未来的出行、景区游览都可以减少等待的时间。

像今天的打车，我们已经不需要提前在路边漫无目的地等，只需要在约定时间到达指定地点等待司机就行，大大提升了时间效率。未来的公路出行、景区游览，都会实现提前预约和智慧分流，把更多的时间放在“游”和体验上，酒店的入住和离开可以实现手机端的自助操作，不再需要押金，甚至 Check in，从入住到离开实现全流程自助，安全又放心。

总的来说，我们今天用在路途和预订上的时间，未来都可以通过技术手段，把浪费的时间“抢”回来，让旅行更智慧。

今天技术的发展变革已经进入了更加快速频繁、迭代升级的加速演进里，在这场关于云计算、物联网、大数据、5G、VR、人工智能、互联网的追逐赛里，除了携程、美团、马蜂窝等文旅赛道的企业外，更有联通、阿里巴巴、腾讯这些外围选手的强势入局，竞争逐渐变得胶着起来，竞争带来的是用户体验的不断提升和优化。

云计算、物联网、大数据、5G 等技术的广泛普及，让我们集体进入了数字智能的发展时代，大数据和云计算的应用大大降低了信息和数据的传输、存储成本，数据的流动性也支持随时访问和辅助决策，无论是线上企业利用数据捕捉和运营用户，还是供应商和 B 端企业利用数据科学分析和挖掘价值，毫不夸张地说下个 10 年众多新技术的成熟应用会把旅游的数字化程度带上一个崭新的台阶。

过去 20 年旅游行业一直在进行着信息化的改造，“新技术”“新基建”的发展为此注入新的动能和动力，让整个行业具有数字化的新格局，技术不断赋能旅游业形成旅游产业发展的基础设施，从广度和深度两个层面更好理解：一方面在普及率，如线上化率、景区预约率、数字展示普及率、宽带覆盖率等；另一方面在优化和提升，如数字化平台的效能、用户体验、运营水平、网络速度（从 4G 到 5G）等新应用场景等。

在旅游目的地数字化方面，各个旅游景区和目的地基本实现建立目的地大数据和智能应用平台，提高流量智能预测和管理，帮助目的地实现从传统向智慧的转型升级，采用数字处理、机器学习、用户画像存储分析、出行预警、行业市场分析预测、上下游资源集成调度等，还有诸如统计外来车辆及游客人数、监控景区人流状况做出调控和限流的信号。依据大数据预测，对旅游旺季、黄金周拥堵予以引导疏通、远程指导处置旅游救援和应急事故等，提升服务能力和服务质量，真正实现目的地经营效率的提升。

数字营销的智能升级

数字营销是今天中国商业演进的一个重要方向，旅行行业的信息化、数字化相比电商行业还是落后一个台阶，比如今天电商行业的千人千面和智能推荐、分层运营在旅游行业都还没有真正地得以实施，背后的原因在于数据不健全、旅游行业的信息化水平较低和人才缺失。

旅游的消费不像电商高频，哪怕是今天的携程，对一个用户的了解和数据收集也还不够健全，数据维度不够就无法建模和分析，从而达不到精准了解和推荐。

今天在携程这样的互联网旅行公司，运营人员拿到的经营分析数据也只停留在 UV、PV 等非常粗糙的数据结论上，无法做进一步的用户分层和精细化的分析运营。

今天中国除以携程为代表的互联网旅行公司，还有接近 4 万家旅行社，是没有自己的 IT 系统、用户数据和自有网站的，还在依靠海报、Excel、手填单做基础的经营。

以上这些在接下来的 10 年将会是技术深度影响和变革的重要领域，随着旅游企业数字营销能力的加强，旅游产业的发展也会更上一个台阶，也让精准营销、智能商业更有抓手。

除了云计算、物联网、大数据、5G、VR 等正在不断提高旅游产业的经营效率和旅行体验，互联网在过去 20 年已经深刻影响着中国旅游产业的发展，未来 10 年还将继续影响中国旅游产业，并且正在渐渐成为基础设施。每一个行业都在深度地互联网化，过去更多的资金、人才、技术都投在 C 端互联网，但未来影响更大的将会在旅游 B 端互联网，即从消费互联网到产业互联网，旅游行业也不例外。

互联网改变旅游的 3 个阶段

如果把互联网对旅游行业的改造和渗透分成 3 个阶段来看：

第一个阶段是信息上线，实现了 POI 信息内容的传播，让用户看到和知道，这是早期旅游门户网站和论坛阶段，如搜狐旅游、早期途牛，甚至穷游和马蜂窝。

第二个阶段是供需连接，实现了预订、支付和交易，如携程、艺龙、飞猪，连接了供给和消费，方便用户能够通过网络预订自己的旅行。

第三个阶段是智能交互，实现资源端的高效调配和消费端的体验提升。

在过去 20 年里走过的第一阶段、第二阶段，互联网对旅游行业的改造更多的是在价值传递方面，解决如何去卖的问题，也就是从线下到线上的渠道迁移和 OTA 的不断崛起，但对产品和服务本身的改造比较有限，仍然处在一个比较浅的供需连接，全球范围内的很多旅游供应商、目的地资源还没有完全联网，背后的产业互联网依然孤立和离线，目的地还在依靠低效率的人工操作和个人经验实现资源调配和用户服务。

按照智能商业和产业互联网的发展周期来看，往后应该会是什么样的呢？

是在线、连接和互动。

有理由相信下一个 10 年留给互联网的空间和缝隙是在价值创造，旅行的产业链条上没有在线的通通都会在线，实现经营数据、用户资产和生产资源的打通、互动，真正解决如何效率生产的问题，也就是产品服务设计和体验打造，以及供给端的效率提升。

1.3 人群变化的三股力量

人群是经济发展的关键变量，旅游产业也不例外，中国过去40年的旅游发展，都是伴随着一代代新消费人群的崛起和城市发展溢出的红利。我在梳理从2020年到2030年这10年间我国的人口变化时，明显地感觉到三股消费力量的崛起将深度影响我们未来10年的旅游产业。如果一个产业的消费者结构发生变化，那么供给和市场就必须跟着变化，无论你是否相信，改变正在发生。

新中产阶级的崛起红利

2019年2月19日，吴晓波频道发布了一份《2019新中产白皮书》，新中产人群开始被全社会频繁提起和重视。

新中产是中国第一次出现的完整意义上的“现代化人”。在过去激荡的40多年里，他们是伴随着经济发展、改革开放、互联网的机会浪潮、产业结构升级等各个阶段的职业结构调整出现的新消费人群。眼下中国正在跑步进入中产社会，未来，随着中国经济的发展会迎来更大的利好和机遇，新一批中产也会继续出现。

在关于中产阶级收入水平的界定上，各种说法不一。依据所在城市的不同，要达到中产阶级所需要的收入水平不尽相同。一线城市和新一线城市都会存在区别和划分，本书对新中产的财富特征不做重点讨论，但我们的理解，对新中产的标准定义不应该只有收入，还有生活方式、教育水平和价值观。

全新的价值观、较高的经济水平、不错的社会地位或职业、接受过高学历的素质教育成为界定新中产的四大指标。

在吴晓波频道提供的《这个国家的新中产：新中产画像与未来商业白皮书》中对新中产的消费特征这样描述：他们具有较高的经济水平和高消费能力，但很难被忽悠，不容易被传统广告打动，喜欢物美价廉的商品，喜欢为新技术和新体验买单，他们通过消费透露出的人生观、价值观以及所追求的生活方式，从必需型消费转变到发展型和美好型消费，他们很会赚钱，也乐意消费，喜欢把生命“浪费”在美好的事物上。

新中产平均每年有两次以上远途旅行，周末常常自驾出行，打卡小红书、抖音上的网红景点和住宿，愿意去体验世界上的各种美好，也愿意让自己变得更好。

《消费社会》一书中提到：“人们对物的消费，实质上是对物背后所承载的符号意义的消费。”这种说法对应到新中产的旅游消费上，他们是为美好生活和背后的价值观、审美趣味买单，区别于传统意义上的高收入人群，新中产的消费具有新审美、新消费、新连接的价值理念。

审美层面，新中产有清晰的、符合当代商业美学的审美趣味，不人云亦云也不盲目崇洋媚外，有独立客观的消费见解，在新中产的消费观里，好看不是条件，而是消费选择时的基本要求，只有符合一定审美趣味的产品，才能进入他们的消费清单，在旅行产品的设计和表达上，美成为基本要求，否则就无法和他们互动、沟通，也就没有连接和生意的可能。

消费层面，新中产在满足物质生活之外，愿意将更多的时间和金钱投入到自我提升和尝试新体验的消费上，愿意为幸福和美好生活花钱。消费形式转变为新增消费，尝试未尝试过的体验，买比原来更优质的东西。每一个出现的网红打卡地、精品的住宿体验都会优先进入他们的旅行清单，疫情以后出现的房车、精致露营、轻户外体验都成为城市里新中产阶级集中消费和喜欢的产品。

连接层面，新中产善于用新的互联网应用和工具，找到价值观、审美趣味、消费观类似的同好者，也追求更有质量的社交，这些都意味着旅行经营和产品设计，必须开始具备调性、品牌、价值理念和审美能力。

中产阶级主流化

根据国家统计局的《中国居民收入等份表》，把中国人口的 14 亿人分成 5 个组，每个组都是 2.8 亿人，中等偏上收入组和高收入组的 5.6 亿人都是中等以上收入人群（图 1-2）。

中产阶级主流化是指高收入组和中间偏上收入组，这部分人群中有较大的可能成为新中产主流人群。

20% 低收入组（2.8 亿人）:	人均可支配收入 7380 元
20% 中间偏下收入组（2.8 亿人）:	人均可支配收入 15777 元
20% 中间收入组（2.8 亿人）:	人均可支配收入 25035 元
20% 中间偏上收入组（2.8 亿人）:	人均可支配收入 39230 元
20% 高收入组（2.8 亿人）:	人均可支配收入 76401 元

图 1-2　2019 年全国居民五等份收入分组（国家统计局）

未来 10 年，“80 后”“90 后”的独生子女成为消费主力，离婚率上升，结婚率下降，个人取代家庭成为消费主体。新中产群体的消费升级仍将继续，为美好生活和旅行投入的消费占比也在不断增加。2019 年从需求侧来看，59% 的城市化率和 2.5 亿 ~ 3 亿的新中产，为旅游经济发展提供了充分的内需增长点，未来 10 年，这两个数字会提升到 70% 和 4 亿。

未来 10 年，新的城市集群也将不断崛起和放大，超大城市，人口 2000 万、1000 万、500 万城市群涌现，我们这个国家拥有了接近 4 亿的中产阶级，中产阶级的扩流，这么多理性消费者的出现，让所有人重新思考未来中国的商业逻辑。新中产的崛起和这部分消费人群的不断扩大，带来的不仅仅是消费意识、消费观念等多方面的变化，还有对于旅行新需求的延伸诉求、对于旅行产品设计和表达的更高要求，以及对于旅行品牌背后传递的价值观的审视。他们理性、客观、聪明、识货，对于接下来10年的旅行企业来说，我们准备塑造什么样的品牌、提出什么样的价值理念、提供什么样的产品和服务、拿什么来和他们沟通，都值得我们深度地思考，在本书的第二章，也会详细谈到。

老年人群和新老年人群

人口老龄化是近几年非常受关注的一个话题，在接下来的10年，中国将逐渐进入老龄化社会，老年人群作为旅游消费的一个重要群体，将会出现两拨不同的老年人群：老年人群和新老年人群。

老年人群

中国最大的生育高峰是1966—1973年。这段时间，中国出生了大约3.1亿的人口，2026—2033年，中国将会有3亿人年满60周岁，也就是中国人口全部的22%，到那时中国将正式进入深度老龄化社会。2021年离深度老龄化到来的2026—2033年还有5～12年（图1-3）。

老年人口的结构性变化还体现在目前我国的低生育率和青壮年人口数量的不断下降，未来将会出现非劳动人口数量大于劳动人口数量，意味着一对年轻夫妇同时面对4个老人，甚至是6～8个老人，值得一提的是这部分老年人群中，互联网的渗透比例正在不断升高。

目前老年游的平均花费水平在3000元左右，到2025年，老年旅游消费的客单价可能提高到5000元以上。伴随2025年2.8亿左右的老年人群，届时老年旅游将是一个万亿元的市场。

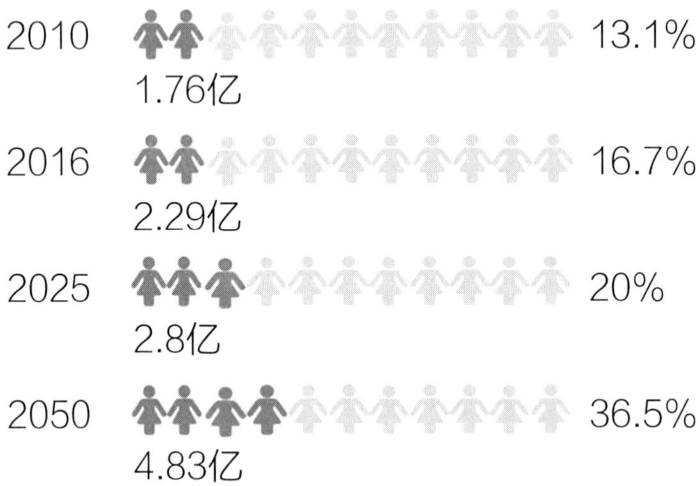

资料来源：联合国、国家统计局。

图 1-3 中老年人群规模预计

另外需要注意的是，这部分集中在今天 60 ~ 70 岁的老年人群，未来 10 年会变成 70 ~ 80 岁。他们出生在 20 世纪五六十年代，接触互联网较少，很多老年人一辈子辛苦还没有进行过一次旅行，对于旅游消费升级并无太多需求。相反，即便带有购物性质的跟团游就已经能够满足，这部分人群也是今天老年游、跟团游、旅游门店市场的绝对主力。但在 2030 年，“60 后”会达到 70 岁，“50 后”会达到 80 岁（表 1-1），出行难度的增加和安全考虑会让这部分人群旅游消费占比下降，意味着今天依靠这部分人群的老年游跟团产品和服务将会面临存量用户的大量减少，如低价游产品、传统跟团游。

过去我们常说一定时期内，传统跟团游产品不会消失，在相当一段时间内仍将长期存在，但放到未来 10 年，这个时间窗口会渐渐收窄。

这是老年人群。

表 1-1　老年人群和新老年人群

出生年代	2020 年年龄	2030 年年龄	2040 年年龄
20 世纪 50 年代	70	80	90
20 世纪 60 年代	60	70	80
20 世纪 70 年代	50	60	70
20 世纪 80 年代	40	50	60
20 世纪 90 年代	30	40	50
21 世纪前 10 年	20	30	40

新老年人群

新老年人群指的是今天的“70 后”，在 2020 年的时候他们 50 岁，在 2030 年进入 60 岁，今天的 50 岁人群，在过去的 2010—2020 年的 10 年间，是有成熟的手机使用能力和互联网意识的，甚至是 2010—2020 年的消费主力，当这部分人群老去的时候，他们有手机使用能力，也有着不止一次的旅行经历，他们想要的旅行和服务和我们今天看到的存量老年用户的旅行产品完全不同。

这是新老年人群。

所以我们在说中国进入老龄化社会的时候，谈到消费习惯其实是需要区分两拨人，一拨是存量的老年人群，一拨是新老年人群。这两部分群体的旅行经历、消费习惯、服务需求是不一样的，新老年人群在消费需求和消费层次上将会更加高端化，他们中的很多人在年轻时期就有了不止一次的旅行经历，将不再只满足看风景，他们注重旅游体验的精神愉悦性，也更加注重养老保健的身体康养，甚至追求旅游服务背后的文化内涵和社交价值。研究他们，也许在今天就应该开始。

今天的旅游市场能够真正满足老年游的产品和服务非常少。许多旅行社在组织老年旅游项目时只是简单地将既有旅游产品贴上“夕阳红”“专列游”“历史游”“旅居”的标签,“夕阳红旅游”“银发旅游”“老年养生旅游”等老年旅游产品特色不突出、同质化严重，今天老年旅游产品的开发仍然缺乏市场细分和需求的深度理解。

很少看到真正符合老年游的旅行产品，更多的还是停留在概念、营销和包装上，从产品和服务本身上几乎没有针对性的创新和改变。

OTA此前也有过尝试，如携程的“爸妈游”，途牛的“乐开花爸妈游”，同程的“百旅会”，但实际的操作层面大多是对已有的旅游产品筛选后集中打标签。没有真正从老年用户的群体特点上有产品设计的调整，如产品服务的创新设计、单次的游览时长、每天的行程时间、随团的物资配备等。

OTA没有重点发力是因为区别于亲子游，亲子游的用户是孩子或年轻父母，付费客户却是成人，而老年游的付费客户和用户都是老年人。多数人均表示可能会直接给父母钱，而不是主动为服务购买旅游，这一点使得老年游产品的预订还没有足够线上化。

老年游市场现状是产品落后，存量的老年人群也不需要过度服务，低价传统跟团仍然可以满足需求，这是今天经营老年游用户的企业可以存活的一个重要原因。经营用户的触达方式主要依靠门店和线下，老年游企业也大多呈现出地域化发展模式。

但新老年人群的出现会让今天经营老年游的生意逻辑在未来发生根本性的变化，产品需求、消费理念、经营方式都会呈现出截然不同的两种逻辑。

未来随着新老年消费人群的逐渐壮大，线上化的、全国性的、一站式的旅游服务企业有没有可能出现呢?

我觉得是存在机会的。

一个基于老年生活服务的俱乐部或会员组织，可能包含健康体检、文娱消费、医学常识、生活资讯、戏曲书画等，融合线上线下，有可能从地域走向全国。

“00 后”的而立之年

年轻人同样是不能忽视的消费人群。

提到年轻人今天都喜欢称他们为 Z 世代，Z 世代泛指 1995—2009 年出生的一代人，受互联网、即时通信、短信、MP3、智能手机和平板电脑等科技产物影响较为深厚。更明显的代际差别是，这是完全没有贫穷记忆的一代人（图 1-4）。

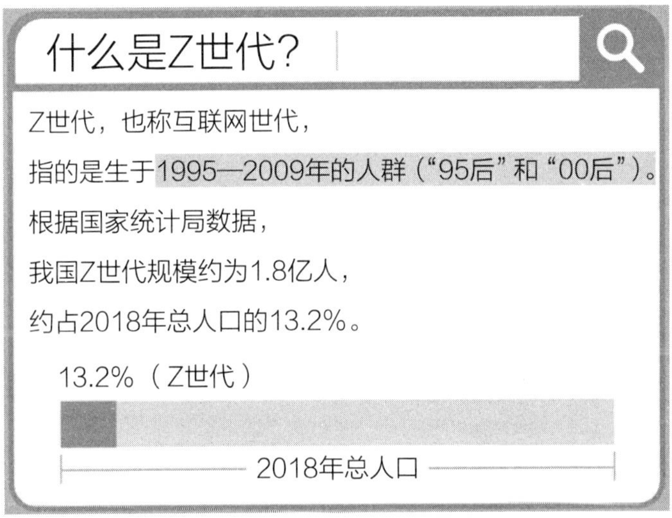

图 1-4　Z 世代人口规模

2018 年我在携程负责主题游的时候，惊奇地发现主题游 3 万元 / 人的高客单价产品中居然有不少的“95 后”人群。按照常规理解这部分产品单价很高，产品游玩更为深度和新奇，主要的消费用户应该是四五十岁收入较好、旅行经历较为丰富的人群，但实际的用户数据中显示“95 后”“00 后”占比也很大。

从表 1-1 中我们看到今天的“00 后”将会在 2030 年进入而立之年，而“10 后”也会达到 20 岁。他们出生便拥有不错的物质生活和开放的互联网环境，旅行在这一代人身上或许不再是发展型消费而是必需型消费。

根据国家统计局数据，我国Z世代规模约为2.6亿，约占2018年总人口的19%，其中“95后”约为9945万。腾讯发布的《Z世代消费力白皮书》显示，Z世代月均可支配收入为3501元，比全国平均值2344元高出49.36%。Z世代，成为下一个注意力争夺的战场。

文化和旅游部公开数据也显示，2018年国内旅游人数达55.4亿人次，出境游达1.5亿人次。其中，千禧一代（1981—2000年）和Z世代（1995—2009年）基本占到了线上旅游人群的78%。特别是Z世代，旅行成为他们业余兴趣爱好的Top3之一，占比达57%；此外，2019年他们在度假、旅游领域的消费金额也占到了44%左右。

我们今天还无法预测“00后”“10后”在2030年有着哪些具体的消费行为和趋势，但从2020年途家民宿联合界面旅行发布《Z世代旅行新势力：精致穷的年轻人都把钱花哪儿了》报告中可以看出年轻人对于追求的旅行以及消费上呈现的特点有：

“精致穷”“逃跑青年”“奶奶青年”……

他们更关心的是“体验”，同时也更节俭：他们尝试去挖掘最好的价值和服务，而他们的旅行更是跟其他年龄层不一样，充满着探险与激情。

一些还不被大众熟知的地名和景点，很快出现在了他们的旅行列表上；一些看似“疯狂”的想法，下一秒就被他们付诸实践了，爱旅游、敢放肆、舍得买、渴望社交的他们，旅行也变得不太一样。

相对于正常假期，有25%左右的人会选择“自造”假期出去玩。年轻的Z世代，对大千世界满怀好奇，热衷于从文字类、视频类新媒体中获取旅游资讯，对于住宿的选择，安全、卫生放在首位，更显著的变化是：他们喜欢自由行。在环游世界和寻找诗和远方上，他们会用自己的方式感受美景、聆听故事、创造回忆。

总的来说，旅游行业经过过去10年的快速发展，旅游度假消费市场已经发生了巨大变化。人们的旅行需求变得丰富和多元，老年人群、Z世代年轻人、崛起的新中产，新的群体在未来10年正在生长。

1.4　旅游需求从过去到未来

需求是商业的前提，产品是需求的解决方案。用户的旅游需求也体现在不同人群对旅游的消费喜好和偏向上，谈未来旅游的发展首先要研究用户的需求变化和趋势。未来10年，用户更加关注什么、喜好什么、旅游决策上有什么特点、该拿什么和用户沟通，成为我们必须关注的话题。

2020年新冠肺炎疫情几乎将过去的“老旅游”和“新旅游”划开了一道明显的界线。2018年我在南京的户外论坛上提到，中国旅游在新老交替中有融合、有过渡、有迁移。但疫情期间不少企业的长期歇业暂停和用户需求的加速变化，一刀切地把“老旅游”企业留在了过去。

2020年年底的时候，我走访北京、上海、广州、成都、西安、苏州、宁夏、新疆不同地域的目的资源方和旅游企业，向他们了解疫情后用户需求和产品的变化，对于疫情后的旅行消费需求，基本有这么几点共识。

从功能到体验，从满意到精致

这是两个很有意思的消费心理变化，也是伴随经济发展、旅游经历增多产生的旅行需求的延伸。

过去10年中国旅游的高速发展让很多人有了第一次国内旅行、出境旅游以及周末游和周边游。这部分用户的需求在最近的几年也从风景观光到休闲体验和深度参与，到今天希望旅行经历成为一种难忘、留下记忆、值得分享诉说的体验。

回到需求原点，人们为什么需要旅行?

人们旅行的目的大概是满足三层需求：

第一层是功能性需求，也就是看风景和休闲，这主要依靠实体层面来满足，如景观、酒店。

第二层是体验，希望有独特的感受和记忆，甚至旅行结束有明显的获得感，这主要依靠行中服务来完成。

第三层是个性，甚至是私密和差异，这主要依靠产品设计和服务设计来实现。

旅行的价值和意义也超越了单纯拍照、看风景，增加风景之外的获得，与众不同往往更能打动他们。

从产品和服务的供给来说，在过去这部分旅行体验还是较为简单、粗糙的，未来 10 年首先要满足高质量、大众化的发展目标，迎合消费用户从功能性基础需求到体验性延伸需求的转变，这对产品服务的设计提出了很高的要求。

首先是高质量发展。高质量是告别粗放、粗糙和平庸，旅游提供的产品体验不再只是风景而是深度体验和获得，具体有风景、体验、文化、灵感、认知、朋友甚至是一种身份认同。

可能看到了不一样的风景，草原、沙漠、湖泊、雪山、森林……

可能是对于一个陌生地方有了新的认识和了解，获得文化知识的扩充……

可能是收获了一场区别于每天重复生活的别样体验……

可能在旅行中找到了工作和生活的灵感和信心……

可能看到了同龄人的不一样，获得眼界和新知……

还可能是旅行结束时认识的新朋友……

其次是大众化。大众化指的是旅游消费升级的普遍需求，不是小部分人群的小部分需求，而是整个社会发展步入小康社会后对于旅行体验要求的普遍提升。

已经见过祖国大好河山和护照盖满印章的中国游客，满意的阈值同样越来越高。在产品的呈现和服务的表达上需要的是精致悦己，他们不只看重产品服务本身，更重视品牌、产品的审美表达和文化内涵。

过去是“有没有”，现在是“好不好”“美不美”“是否精致”，单一的功能价值已经渐渐难以成为消费决策和选择的决定因素，还要挖掘用户消费背后的心理需求、情绪价值甚至是炫耀价值。

产品好、体验好，可能还不够，还需要颜值审美和精致表达。人们支付的不只是商品本身的价值，还有商品对应的阶级身份认同和心理满足。人们选择一款产品，更多是为自己理想中的生活方式、理想中的自己投票。产品和商业的世界，正在回归一个有灵魂、有温度的时代。

从旅行体验到生活方式

什么是生活方式?

生活方式是指人们长期受一定社会文化、经济、风俗、家庭影响而形成的一系列的生活习惯、生活制度和生活意识。生活方式是由个人和社会群体、整个社会的性质和经济条件以及自然地理条件所决定的。可以将其理解为不同阶层人群在其生活圈、文化圈所表现出的行为方式。

生活方式背后体现的是审美趣味、消费偏好和想要表达的价值观以及自我认同。每一家旅行公司都是美好体验的呈现者，可能在想好呈现一个个具体的产品之前，更需要想好自己匹配的目标人群以及目标人群背后的生活理念。

你的品牌有故事、有内涵、有理念、有温度吗？没有的话将会大大减少被人们接受、记忆和传播的可能。旅行不希望千篇一律，玩法不希望和他人重样。在问到你刚去青海是怎么玩的，对消费品质有追求的用户更想回答“我是通过什么公司什么品牌参加的，他们这些地方做得不错，这些体验很棒”。

什么公司、怎样玩的方式开始变得有些重要，用户借此想表达的是个性、品质和审美。

不是所有生活方式都可以被售卖和推崇直至流行的，只有通过精心挖掘和设计提炼，击中用户底层的自我表达、认同和实现的心理诉求才有市场竞争力和商业价值。让旅行品牌、旅行产品成为生活方式的表达载体，首先需要理解消费用户以及这部分用户想要追求的生活方式。

2020年新冠肺炎疫情发生后，旅游消费领域就有很多的生活方式酒店（Lifestyle Hotel）进入人们的视野，如诺尔丹营地、原舍、柴米多等。这些精品住宿开始尝试在提供住宿价值以外“多走一公里”，从单一住宿服务向生活方式跨界尝试，通过酒店住宿空间连接衣、食、娱、行、购等服务，甚至是人与农场、人与食物、人与乡村、人与自然的连接，在旅行中为用户打造不同的生活方式体验。每一个产品服务的细节都是生活方式的传达和映射，将生活中的元素融入酒店的功能化设计以及标准个性化服务中，使参与的用户有更多探索的机会并获得更丰富、沉浸的体验。

在生活方式酒店的案例中，亚朵也是很好的一个案例。主打阅读、摄影甚至音乐的尝试，在经济型酒店和高星酒店之间提供了一个中间地带。

2020年出现即流行的户外野餐和露营文化，也是疫情后旅行生活值得关注的现象。为什么需要周末找个公园铺上一块桌布来个午后野餐，假日里开着车、带着帐篷来次湖边露营？背后映射的需求是时尚放松、追求生活质量和寻找另一种生活方式。有一些声音说这些都是学习欧美，中国现阶段缺少像欧美国家早已成熟的房车、户外和露营文化。严格来说，户外露营、房车旅行、酒店度假、周末野餐这样的旅行方式都是舶来品，中国人还没有真正理解和接受户外和露营文化的内核，中国市场的用户仍然需要被引导和教育。没错，消费习惯和文化的接受需要过程，但不妨碍这样的旅行选择开始进入我们的视野，被越来越多的人喜爱和接受。中国人在寻找美好生活的道路上多了一种选择和尝试，落后没事，我们会赶上来。

旅行和生活的边界在未来也会显得更加模糊，什么是旅行，什么是生活？恐怕很难明确划分。传统的旅游企业应该也会被市场教育，渐渐进入人们日常生活属性的业务中，从而与用户发生连接和互动。2020年3—4月，就有之前的出境游和国内游企业开始做起了周边户外、周末露营、午后野餐、亲子采摘等大量与用户发生互动的活动。这些活动在疫情前很少做，但在疫情结束后不会消失，因为在给用户提供很小的生活方式展示的入口上，争取到了和用户互动连接的机会，为未来国内和其他旅游的消费埋下了种子。

旅行也变得生活化、日常化，旅行产品的特征也需要尝试适应这些潜在变化的需求趋势。人们对生活方式的追求和重视不只是体现在旅游消费上，更多的是社会发展进步到一定程度对生活的自然思考和探索，很多行业都在渐渐出现生活方式的品牌，如奢侈品、酒店、书店等。日本的茑屋书店被誉为全球最美书店，它不将自身定位成书籍售卖商，而是把店铺转化成一个让顾客接受和感受“新的生活方式”的空间，茑屋书店里也没有“客服”和“销售员”，只有生活提案顾问。

今天可见的趋势是文化公司、文旅企业、科技机构、精品住宿，但凡和生活体验沾边的业态都在吸引用户去参与他们提供的“生活方式”，旅行也不会固定在“旅行社”上面，而是会发展为创意、文化、生活方式的提供者和创造者。

这些都给经营旅行的企业和个人，提出了新的思考和方向。

从深度自然到在地文化

随着我国对疫情的逐步控制，国内旅游也以区域内的短程旅游率先启动为主。而乡村旅游、近郊度假、精致民宿则是短程旅游的主要产品，其中贴近健康、自然和本地文化的乡村游产品、民宿等获得了疫情后复苏之初的极大欢迎。

疫情之后人们对于旅行的消费需求是有明显变化的，更加理性谨慎、讲究人少景美、追求健康自然、希望小众舒适、可以放松身心，最好低碳环保。

其实对于深度自然和在地文化类产品的欢迎很好理解，中国这些年的城镇化发展是逐渐远离乡村、田园、自然的过程，而城镇化的另一个极端是怀念乡村。中国人的情感里对于乡村、田园、自然有着一定的回归情结，仅仅上海周边 2 小时车程内就有大量的乡村田园综合体等待迎接来自城市的人们。未来的消费心理上会有越来越多的人更加关注自然和文化，城市和乡村也需要一个载体来做连接，来释放城市里的精神压力和心理疲惫，这些心理需求的变化对旅行产品的设计都有不少启示。

党的十九届五中全会在对“十四五”规划的建议中，明确将乡村旅游列为发展重点。也许在不少人的认知中，乡村旅游往往是低档次、廉价、没有格调的、不方便的，这种印象“十四五”期间会逐步转变。其实近几年已经可以看到现代乡村游发展的不少案例，湖州莫干山、昆山计家墩、云南阿者科、苏州震泽，都不是传统意义上的乡村旅游，而是融合了现代设计、精品住宿、科学规划和本土自然文化体验的乡村田园综合体。

从旅行出行到生活方式，人们开始注意起生活品质和适度逃离，寻找忙碌之外的“家门口的远方”，城市精英和中产阶级不是或不只是一个收入水平，更是一种生活方式和对乡土、文化和自然的怀念。

近些年在上海和北京周边，渐渐兴起的户外营地、乡村集群、京郊民宿，都在努力吸收来自城市里周一到周五被生活摧残又在周末追求逃离生活的大量人群，美好生活也不只是中产的权利，每个在努力迈向中产、走向更好物质水平的道路上的打工人也有追求精致生活的需求。

另一个有趣的发现是传统的目的地特产在旅游团中的售卖并不好，但是今年发现，在民宿里，人们住完民宿带走了大米、梨膏、竹笋，疫情期间仅仅一间民宿就通过店里和线上的方式帮村民卖掉了几万斤竹笋和几千斤大米。

人们真的不需要目的地特产吗？人们只是没有遇到打动人心的好特产，我想这背后还是人们对于本土特产风物背后的信任和文化认同。

未来10年，新的城市集群仍将不断崛起和放大，超大城市，人口2000万、1000万、500万城市群相继涌现，依托于城市集群这么大的中产消费群体，满足城市人群对美好生活和田园牧歌的向往、对品质和美好体验的追求里蕴含着巨大的商业机会。

消费需求的变化是我们研究未来10年旅游的起点，以上今天可以看到的需求变化和延伸都对接下来产品服务设计提供了很好的参考意义。但对需求的洞察和理解应该是文旅人的一种意识和常态，也是每一个文旅人需要关心、思考的问题，只有这样才能提前做出调整和准备，留出一些给未来的时间。

这些需求的变化不同以往，让我想到老旅游和新旅游在面对未来用户需求的产品提供上一定有着很大的不同，这些不同并不一定让今天从事旅游行业的企业和个人都能适应。未来 10 年，新经济、新人群、新消费、新需求的出现和崛起，对于有些人，一切才刚刚开始，对于另外一些人，过去拥有的青春与辉煌，只能留下一个惆怅的身影。

第 2 章

未来 10 年　新旅游经营需要的八项能力

2.1 旅游产品原创设计——不缺产品只缺好产品

产品和服务设计在互联网应用设计中是必不可少的环节，因为需要和用户持续地沟通和交互，留意用户的反馈和留存，我第一次把产品和服务设计提炼出来是在 2018 年给稻草人旅行的一次分享会中。

直到今天旅行产品和服务设计在旅游行业还算是个新词，近几年才得到关注和重视，为什么呢？中国旅游业在过去很多年的发展中普遍不太注重产品和服务设计，一项产品和服务流程一旦被确定下来，之后就是不断地重复，今天和往后的用户渐渐不为过去的产品和服务买单了。

疫情以后，文旅行业的经营者不得不重新思考旅行产品和服务应该如何设计。

面向未来的旅游产品设计

在商业世界中，价值分为两种，创造价值和传递价值，一个旅游产品从最初散落的资源到用户的最后消费，中间经历了 2 个必需环节：一个是创造价值的环节，另一个是传递价值的环节（图 2-1）。

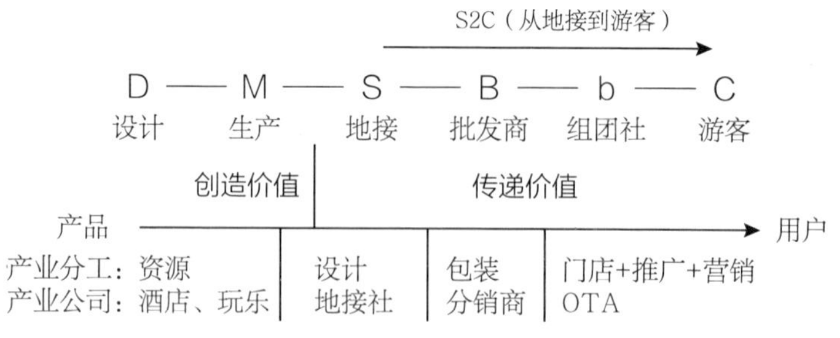

图 2-1　旅游行业的价值链条

谁创造了价值？酒店、航空公司、目的地公司、车辆、导游、中小旅行社等一系列参与产品生产和设计的角色，共同创造了产品价值。

谁传递了价值？是渠道，包括 OTA 在线平台、旅游门店、线上线下等一切流量形式的终端销售网络。

如果我们看过去 20 年中国在线旅游的发展会发现，携程、途牛、同程、飞猪、穷游、马蜂窝解决的都是信息和商品的传递问题，也就是怎么卖。但关于产品和服务如何生产、设计，在线旅游几乎是不涉及的，这产生一个问题，过去 20 年互联网对旅游的改变只是解决价值传递，互联网的发展并没有在“创造价值”的环节提供更多价值。换句话说对比欧美等旅游发达国家，今天旅游产品的设计已经落后了很多年。

我们常常说“互联网 + 旅游”，“+”在哪里了？

过去 20 年里更多的是在进行价值传递，解决如何去卖的问题，也就是渠道迁移和 OTA 的跌宕崛起。今天的空间和缝隙是在价值创造，解决如何生产的问题，也就是产品服务设计和体验打造。

未来 10 年对比过去，在过去在线旅游飞速发展的 10 年间，不少国人已经有了自己的第一本护照，出了第一次远门，看过了祖国山河，很多人的旅行经历已经越来越成熟和丰富。一成不变的旅行产品和服务体验已经很难打动他们并留下记忆，旅游消费升级的需求愈加迫切，他们需要有趣好玩、符合审美的产品和服务。

另一个不得不提前考虑的是来源于人群需求的变化。前面的章节中我们提到，未来 10 年有 3 类重要的人群变化：老年人群、Z 世代年轻人、崛起的新中产。这些新的群体正在生长，他们是和过去不一样的人群，未来我们面对的旅行需求将变得丰富和多元。

无论是过去对生产设计的不够重视还是未来人群对新产品体验的迫切，都需要文旅行业的人们提前思考和准备，向未来的用户提供什么样的产品体验，给未来预留一点准备的时间。

我在携程的工作中每天都要看一些平台内的产品，现在每年也会参加不少公司的产品开发，自己偶尔也会参与设计几款产品，在我见过的几万款产品中，常常发现大家在产品设计上有一些误区：

行程拼凑叠加，没有核心体验；

没有明确定位，不知道目标人群；

不明确目标销量是多少；

不知道满足什么需求，不知道交付什么收获；

不知道用户为什么买，也不知道为什么不买。

这会导致产品的销量得不到保证，无法精准地进行过程控制和效果衡量，最终的结果是脚踩西瓜皮，销量看随机。

如果退回到产品设计的原点来思考：为什么要设计旅行产品？

旅行产品在我看来首先具有的是用户价值，用户选择旅行的目的一般是快乐放松或是在旅行中成为更好的自己。除了用户价值外，从旅行企业的角度出发还需要考虑产品背后的商业价值，每一款产品的商业价值不外乎赚钱和连接用户，并不是所有的产品都是为了赚钱，有的产品不赚钱但是可以和用户交个朋友，如Citywalk、线下活动等。

用户价值：快乐放松、更好的自己……

商业价值：赚钱、连接用户……

回过头来，所有的产品都是用户需求的解决方案，旅行产品也是，先有用户价值，后有商业价值。只有思考清楚我们提供了什么价值，为什么会被需要，才能让产品设计更有针对性和策略性，也才能让产品上线后的销量更有保证。

说清楚了产品价值，那什么是设计呢？简单地理解就是预先思考和计划、提前控制使达到预期，过程可记录、决策可回溯、效果可衡量。

旅游行业的人很少具有互联网的做事习惯和思维，也缺少专业的职业训练。

很多人依靠自己的经验和判断做产品、做经营，很多年都是这么过来的。但旅行产品的设计不能只依靠个人经验和主观感觉，经验判断离实际总会有很大的偏差，在产品的设计之初需要做深度调研、预先思考，让决策和选择的过程得以记录，方便后面回溯和复盘，如为什么选择这个目的地、这家酒店、这个价位、这个路段，当时的考虑是什么，需要记录下来。

所有爆款旅行产品或体验的产生都不是随机和碰运气的，而是来自科学的过程控制。只有精细化的过程控制才能输出可预期的业绩增长，所以比较厉害的产品经理是可以推算出自己的产品上线后的销量的。

产品设计的 6 个关键步骤

如果将产品设计的流程步骤做个划分，可以有这样关键性的几步：

需求评估

需求评估是产品设计的第一步，很多拥有多年旅游行业经验的人常常忽略这一步，带来的问题是思考不清晰、后期的定位容易混乱、经营目标感缺失。需求评估是要想清楚准备服务哪些用户、满足这部分用户的什么需求、这个需求的市场容量有多大、希望通过这个产品吃到多少市场容量，要做到非常清晰、心中有数。每款旅行产品都是用户需求的解决方案，无论选择去青海骑行、雨崩徒步、马尔代夫放松、民宿度假……都始于最开始的心理需求，是去休闲放松，是去看不一样的风景，是和朋友一起对话，还是挑战自己找到信心、收获灵感……

我们有没有为 TA 的开心做点什么?

有时候用户的需求不是单一需求而是复合型需求，不只满足看风景，还有其他需求延伸出来也希望在一次旅行中能够实现和满足，如果能够提前洞察到用户的需求并提供很好的满足，对用户来说就是很好的惊喜和超出期待的体验。

有些复杂决策的产品还需要区分用户和客户，用户是真正体验产品的人，客户是为产品买单的人，他们的需求也不一样。

亲子产品满足的用户和客户是谁？父母的需求是什么，孩子的需求是什么？研学产品满足的用户和客户是谁？老师和学校的需求是什么？学生的需求是什么？团建产品满足的用户和客户是谁？人事部门和公司老板的需求是什么？员工的需求是什么？

只有精准地洞察并理解了用户需求，在对产品的设计和表达上才能有针对性地吸引和打动用户，理解需求是超越平行竞争对手的第一步。

竞品分析

需求分析清楚了，就要研究市场和供给，现有的市场供给有哪些？竞品有哪些？他们如何定位和定价？他们的资源和供应来自哪里？毛利水平如何？他们的产品提供的是什么价值？商业目的是什么？

这一部分的所有考虑都需要梳理和记录下来，形成可翻阅、可回溯的文档，因为一开始的考虑都是不全面的，需要根据掌握的信息和市场反馈不断迭代调整，只有这样才会不断逼近商业的真相。

做产品是一个商业行为，是通过对用户需求的理解分析、投入资源和精力做出一款产品投到市场和用户沟通，获得用户满意和商业价值回报的过程，也是我们理解商业、找到需求本质的过程，只有不断地迭代修复，才能把销量、经营最大化。

对竞品的分析研究是了解别人的思考，看清别人的定位和毛利空间，从而知己知彼，更加有策略性地选择自己的定位和定价。

携程主题游有过两个品类叫“深度人文”和“越野自驾”，这两个品类下的产品客单价普遍较高，即便携程自营欧洲常规的单价2万元/人已经很高了。但主题游的欧洲产品客单价是3万元起，最高的有4.5万元/人，动销最高的是3.5万元/人上下，而且卖得很好。一款单ID的产品一个订单就是6万元起，每年销售量达到200多人，一个产品就撑起了接近千万元的销售额。一个认真做产品的商家不需要很多产品，每年认真地做好几个产品，就有几千万元的营业额，且高单价的利润都还不错，这就是认真做产品的价值。

我们是怎么做的呢？

当时在做竞品分析的时候考虑到无论是携程还是整个市场，欧洲都是竞争激烈的目的地。最低的有3999元/人，常规中档价格的有1.5万元/人和2万元/人。如果主题游以这样的定位和定价切入是没有任何差异的，也不符合主题产品的定位和标签。所以大胆地尝试了高客单价定位和深度人文体验的组合叠加，满足旅行经历很丰富但对玩法体验、软硬件要求很高的人群，获得了不错的成绩，直到今天这些产品还很有生命力。

这是一个设计之初就有定位和定价的产品案例。

优势梳理

优势的梳理是向内看，前面通过看用户、看市场、看对手，都是建立全局地图和产品视野的过程。

向内看是观察、分析我们自身有什么优势？比如，在资源上有核心的体验点或者价格优势、原创的服务闭环、销售渠道怎样、服务的交付和整个从销售到交付的流程是否高效流畅。

一般来讲，产品要想有不错的市场反馈和销量，需要自身在某一方面获得超越平行对手的优势，如资源的优先、稳定供给和价格优势，旺季的时候资源供应是稳定的，价格是优于竞争对手的，这也有助于打好一年的仗。

需要注意的是，这个时候的优势不要放大到销售优势，就是有很好的渠道或是销售网络，高效的销售网络对产品销量确实是优势，但这不是产品的优势，不能以营销和渠道的优势来弥补产品设计的不足，渠道环节我们在下文会详细讨论。

产品定位

在结合前面的需求评估、竞品分析和自身优势的盘点上，我们需要明确自己的产品定位和定价，以及预计的渠道网络和收益目标。

明确目标人群：在什么价格区间，满足什么人群的什么场景下的什么需求。

梳理流量渠道：预计的产品会投放在哪些渠道，用户在什么情况下会被看到，是自有的私域流量如公众号、社群、私人微信号、朋友圈，还是开放的同业合作如OTA、旅游门店。不同的渠道流量特点和用户需求、销售流程都很不一样，很难用一款产品去投放在所有渠道期待获得百花齐放。所以在设计层面就需要明确重点，想好如何和用户以及渠道做好沟通。

量化收益目标：前面提到产品的商业价值有两个，赚钱和连接用户。大部分的产品目的都是赚钱，在一定的资源价格基础上加价卖给用户赚取服务费和差价。经过前面环节的周密分析，其实对用户、对市场、对对手、对渠道都有了解的情况下是可以做出销量和销售额预估的。

线路设计

经过前面的4个步骤，这一环节才真正进入产品设计。今天很多的旅行公司或产品经理设计产品是直接到这一步的，或者前面的步骤也有，但都在脑海中凭经验快速掠过，没有记录、预测和后期衡量。好的产品设计一定是把工夫花在前面，只要想清楚了，执行都会很快。

关于主题设计、体验设计、传播设计等内容在后面的环节还会详细讲到。

假设验证

问题—假设—验证—修复的行动闭环同样来自互联网行业的工作方法和做事习惯，我也将它应用在旅游行业，经过前面的思考分析和尝试，产品设计出来了，是不是需要马上同步渠道、投入流量呢?

不是的。还需要经过流量验证、用户反馈和迭代。因为所有的思考都是存在漏洞和主观的，如果一开始投入全部流量，将很多前期未考虑到的问题直接暴露在渠道和用户面前是非常危险的。很多时候用户和渠道给我们的机会和信任只有一次，如标题、文案用哪一个更好，科学的做法还需要经过AB测试，通过数据来反馈结果。因为如果明明A文案转化率更好，我们一直在用B文案，就是很大的流量浪费。

旅游行业目前不需要这么严谨的过程操作，但小范围投入流量、注意反馈和用户评价是非常有助于将产品不断从60分打磨到80分的，有些旅行公司还有首发团、内测团等，都是小步快跑、快速迭代直至最优的思维方式。

互联网的每一款产品上线前都需要经过各种测试环境，才可以正式发布和上线，旅行线路也是一样（表2-1）。

表2-1　旅游产品设计的完整流程

需求评估	目标用户	用户需求	主要场景	市场容量	
竞品分析	产品定位	产品定价	资源供应	毛利空间	商业价值
优势梳理	资源优势	渠道分析	服务闭环	交付流程	
产品定位	定位定价	流量渠道	目标收益		
线路设计	主题设计	体验设计	传播设计	交互地图	
假设验证	流量验证	体验反馈	迭代复盘		

一些规范的旅游公司对一些年度重要的产品，还设置有产品委员会和产品下线机制等，如产品委员会一般由公司高层、产品总监、内容和策划团队负责人、客服人员、产品经理等组成。产品上线后一旦因为质量和体验问题的投诉、差评率和不成团率达到多少自动启动下线预警，需要及时干预和分析复盘原因。

产品设计的10个原创方法

玩法梳理

需要梳理目的地的玩法藏宝图，如西北有多少种玩法，列举出所有的组团形式和线路走法。需要遵循MECE法则，即相互独立、完全穷尽，如小车、房车、包车、跟团、拼团，6日、5日、4日，不同价格，等等。将所有玩法打散后，结合前面的定位和自身的优势分析、确定产品的主要玩法和类型（图2-2）。

- 地理标签：每个地方都有用户的印象和标签，如厦门文艺、成都美食、意大利人文
- 网红元素：覆盖抖音、小红书上火爆的酒店、玩法和体验，抢占供给稀缺
- 特色深度：避开人群扎堆、贴近当地风貌，如酒庄探访、山林捡垃圾、6点钟的上海
- 自然文化：原生美景、真实人文
- 分享社交：适当的流程设计、引导互动社交，如国王天使游戏、分享喜爱歌单
- 峰终体验：情绪体验的“峰”和“终”留下好印象，如酒店里的别饮甘泉
- 分钟设计：找到产品的2个“哇点”，如山顶火锅、草原下午茶
- 成本最优：把成本投在最能让用户看到的地方，如特色餐、特色住宿体验
- 叠加获得：风景、美食、文化、社交、认知

图2-2　旅游产品的原创设计方法

地理标签

每个地方在用户心中都有固有的印象和标签，厦门文艺、成都美食、欧洲人文、云南风花雪月……要确定设计的产品是什么样的主题和风格，准备传递给用户什么样的印象和主题。

比如，云南目的地，每家公司都有云南产品，但主打的特色和玩法标签是不一样的。32号旅行的云南注重轻户外、徒步和看油菜花，这种风格和定位会吸引这部分喜好的用户；稻草人的云南主打元阳梯田、民族体验，还有游侠客、VIVA旅行家、行影。大家都做了相同的目的地，但呈现给用户的重点都不一样。

从自然、人文到美食、地理，一个云南会有12种不同的旅行体验感，还有甘南、西藏、西北等，目的地是相同的，但主题和侧重却不尽相同。

网红元素

网红元素是抢占稀缺，常常会有小红书、抖音上爆红的景点和玩法，但在一段时间内还没有大量的产品跟上来。这个时候就需要抢占红利期，快速地将产品铺设在主要的线上流量渠道上，如携程、飞猪、马蜂窝。一般用户看了抖音都会去携程搜索，如果在供给很少的时候只有你在，这部分流量将非常精准。

2018年春节前，抖音上的瑞士寒武纪酒店突然爆红，单一视频达到了千万的播放量，引得很多人“跟着酒店去旅行”。但当时预订寒武纪酒店的渠道只有单订房，对很多用户来说还需要安排交通和其他行程，非常麻烦。我们观察到了这条视频和评论区里的需求，感觉是一个不错的流量红利，让供应商迅速联系了酒店。确认了春节期间的酒店余房，将欧洲产品行程中的酒店升级到2晚寒武纪，同时将标题修改成“打卡抖音网红酒店寒武纪”，详情页也做了重新的包装，一下子接住了抖音过来的流量，单ID春节期间多卖出了200多万元。

特色深度

特色深度就是拒绝走马观花，今天的旅行者已经越来越想在目的地参与深度的体验和互动，但在产品层面还需要产品设计者对目的地有很好的理解和研究，很多都需要多次的实地探访才可以，所以今天不少的新旅游公司都有安排考察和踩线，一次考察甚至长达半个月。

特色深度的体验会给用户留下很好的印象，如欧洲的产品如果安排去葡萄酒庄园探访，能够让用户挑出一瓶自己出生年份的酒，体验非常不错。

稻草人的银川线路就有安排去宁夏的葡萄酒厂参观体验，走到葡萄地里感受贺兰山对宁夏的意义。在工作人员的陪同下游客可以坐上“红酒巴士”将整个葡萄酒庄园参观一圈，品尝不同年份、不同种类的葡萄酒，满意的话还可以带回几瓶送给亲戚朋友。

32号每年都会举办浩浩荡荡的“捡垃圾”活动，在全国的各个城市带领千人参与捡垃圾，活动反馈非常不错。一到时间，就会有用户留言“今年的垃圾什么时候捡”。

自然文化

在前面的介绍中提到人们对于自然、文化、本土有着天然的亲近感，需要安排用户真实地走到风景里，还要做适当的停留和深度的参与体验，如川西的线路游客可以下车走上草原、走进当地人家喝一碗牦牛酸奶等。

分享社交

分享和社交是旅行价值的延伸，一场旅行中如果能够认识一些志同道合、聊得来的新朋友，旅行的收获感也会大大提升。

但好的社交需要组织和计划，如分享歌单、玩国王和天使互帮互助的游戏、旅行结束后的感受分享等都会促进参与旅行的团友增加了解和收获。

峰终体验

峰终体验是客户体验上的一条定律，是指如果在一段体验的高峰和结尾，体验是愉悦的，那么对整个体验的感受就是愉悦的，也就是 2 个 120 分的体验 + 全程 70 分的体验的综合效果大于全程 90 分的体验效果。

旅行本身也是一次情绪和体验，我们没办法把所有的环节都做得非常完美和超出期待。在资源有限的情况下这样也不实际、没必要，如果整个线路体验的设计中安排一段高峰时刻，同时留下一个不错的结尾（图 2-3），用户的体验基本会很好。比如，当地特色餐的安排、目的地体验最为精彩的部分，行程结束提供的分享、当地风物等。

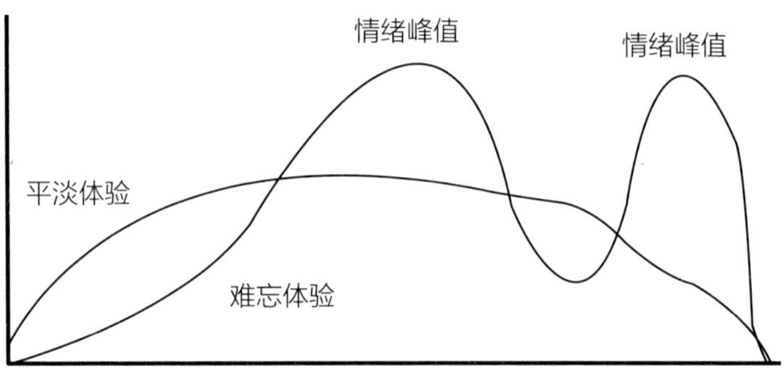

图 2-3　旅行体验峰值设计

分钟设计

有的旅行体验中，最关键的时刻非常珍贵和短暂，如徒步的登顶、看一场日出、海边的烛光晚餐、目的地的特色体验……精彩美妙的时刻往往就几分钟，这种时刻对体验的影响非常关键，同时时间非常短。如果想要保证给到用户很好的交付就需要做好分钟级的体验设计和流程预演，提前想好可能发生的各种情况和应对措施，想好用户情绪的变化和承接，让用户的心情跟着预先的设计走，一环接着一环，管理和引导用户的情绪和体验，“你的每一次开心，我都提前知道”。

成本最优

成本最优还需要体验最好，怎么做到呢？

需要将用户感知不强的地方统统砍掉，把资源花在用户最为关注和能够感受到的体验上，如亚朵酒店就不采用昂贵、辉煌的大理石前台，而提高房间的枕头、床的舒适度。

旅行体验中是不是每顿都要安排特色餐呢？

如果不是每顿都是特色餐，还不如把用餐的选择权交给用户，住宿的安排也是。住宿也是体验的一部分，如果不是围绕整体体验打造的住宿安排，未必一定要住五星级饭店，特色的民宿反而更好。我曾经帮助“选地接”的一个供应商改一条线路，这条线路的主题是徽州，结果市区酒店安排了老牌五星。我在看过以后建议换成徽派民宿，价格更低又贴合产品主题，同时用户感知也会比传统式的老牌五星级饭店要好。

获得感的叠加

一次旅行当中可以给用户提供哪些复合的体验呢？

可能看到了不一样的风景，草原、沙漠、湖泊、雪山、森林……

可能是对于一个陌生地方有了新的认识和了解，获得文化知识的扩充……

可能是收获了一场区别于每天重复生活的别样体验……

可能在旅行中找到了工作和生活的灵感和信心……

可能看到了同龄人的不一样，获得眼界和新知……

还可能是旅行结束时认识的新朋友……（图 2-4）

总而言之，体验要有层次，收获要有叠加。

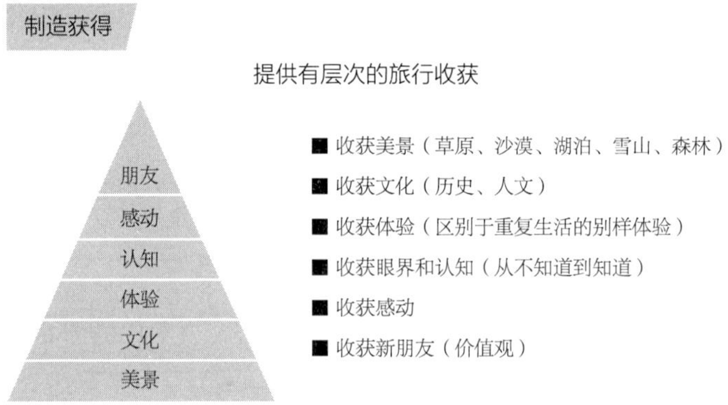

图 2-4　旅行收获的多种层次

看到这里，相信你对旅行产品和服务设计有了比较清晰的理解和认识。产品和服务是针对需求的体验解决方案，在旅行产品的经营中，产品设计是非常关键的环节，设计的工夫花到位了，销售只是辅助动作，我们需要把工夫花在开头。

我坚持认为一条产品的最终销量在上线之前已经决定了一半，好产品是营销和增长的前提。不要一开始没想清楚就着急做产品，很多刚开始的思考都是不行的，过去的旅游行业很多依靠经验，但经验只能定好初步的方向，需要经过市场反馈和数据的反复检验。如果在做产品的过程把后期营销、销售的思考都带进去了，有的产品本身就是流量。

每次分享做产品的时候，我都会想到做旅行产品和体验打造，如何增加自己的使命感和敬畏感，以前我做海岛，每年1000多个人通过我的设计来到马尔代夫，就有1000次美好回忆和人生体验。我会想到用户的每一次出行，每一个体验都和我有关，我在影响一个真实的人的真实旅行体验，这里面应该有深深的责任感，每一个决策和改动都可能影响很多人。

既然旅行产品能够影响很多人的旅行体验，产品经理有时候可以把自己当成一次“体验控制”的导演。

我现在很少自己做产品了，因为做产品和服务设计是很“累”的一件事，也比较珍惜做产品的机会。如果我做出的产品能够实现两个 1000，第一个 1000 是 1000 万元的销售额，第二个 1000 是能够覆盖 1000 个用户，能够实现 1 个，就比较有价值和成就感，也说明产品的设计比较成功。

除了在需求理解、设计方法上要不断地培养意识和思维，文旅行业还需要多看一些书籍和纪录片，来增加视野和知识面。

2.2 旅游服务体验设计——可复制的美好旅行体验

体验设计是在工业设计和互联网领域常常被提及的词汇，在旅游行业很少提及。

但在旅行度假市场，尤其是旅游电商，从咨询到付款到出游，和用户接触的环节非常多。如果放大到每年的服务人数，一年当中就会有无数次形成印象的机会，产品的销量不行，真的不只是产品本身的问题，还有非常琐碎的体验设计和运营。所以说接下来旅游行业的竞争，已经不再是单一维度和环节的竞争。

过去在渠道为王的时代，只做渠道，建销售团队，铺线上平台；在营销为王的时代，烧广告，拼低价；在产品为王的时代，逼疯自己，努力做产品。但是今天，你必须是个全能选手，至少是个80分的选手。放眼中国旅游供应商，或者是旅游电商，还没有只要做好产品就不愁销量的，因为商业大环境对旅游经营的要求在不断提高。

以用户为中心的体验设计

旅游服务体验设计是以用户为中心，在向用户交付一场旅行体验收获的时候，需要有思考、有节奏、有逻辑、有策略地交付，以达到成本最优时的用户体验最大化。一次旅行当中会有无数个动态的服务节点，服务的时间线、服务的先后顺序对用户感受到的实际体验都很重要。

如果你对体验设计还不够有概念，举一个机场等行李的例子可能让你清楚一些：机场行李转盘最早的时候离旅客刚下飞机口的距离很短，旅客下飞机后很快就走到了转盘前，但行李还没到，这个时候旅客等待时间过长就会出现情绪焦躁、投诉和抱怨行李出来太慢。后来机场改了设计，将行李转盘放在离出机场较近的位置，旅客下飞机后除了去洗手间还需要走过一段机场里的路程才能来到行李转盘，这个时候稍加等待，行李就出来了。旅客拿到行李后可以快速地走出机场，情绪也变得不再焦躁，投诉行李延迟的比例大大降低。

这是一个体验设计的案例，在旅行服务中会有很多个动态服务的节点需要交付，如果能够提前设计和计划好，既可以让用户获得满意的体验，也可以减少相同体验交付下企业需要支付的成本。在过去的旅游服务发展中，旅游服务体验设计一直没有被关注和重视，但接下来的旅游发展迎来的是运营精细化和用户需求升级两方面的压力，所以服务设计、用户体验设计会慢慢成为旅游公司必备的核心竞争力。

体验效果的 5 个层级

旅行服务的本质是交付一场体验和情绪，我们努力从用户角度出发，让自己具备同理心，做全局思考和提前预演，以及更多精心的思考和计划，都是为了能够更好地理解用户想要什么？怎么样让参与的用户更开心一些？怎么让用户的旅行体验能够更好一些？且这种“好”变得可控制、可衡量还具有商业价值。

从体验效果的角度上我们可以把用户的体验分为 5 个层次：一般、满意、惊喜、感动和超级信任。

最终的体验留在一般（70 分）和满意（80 分）级别的用户，感受比较平淡，不会留下深刻印象，一般较少有复购，有其他替代品会直接转移，用户流失的可能性很大。

体验留在惊喜（100 分）的用户已经会说不错了，他们大概率会主动参与评价和评论，有的用户还会对服务人员进行打赏鼓励。

体验留在感动（120 分）的用户，不只会对服务进行评价和打赏，还会有分享和传播，他们大概率会复购，很难流失。

体验留在超级信任（120 分 +）的用户，已经是我们的超级用户，他们会帮助品牌和产品传播，分享给身边的朋友。不仅不会流失，还会帮助品牌带来很多新用户（图2-5）。

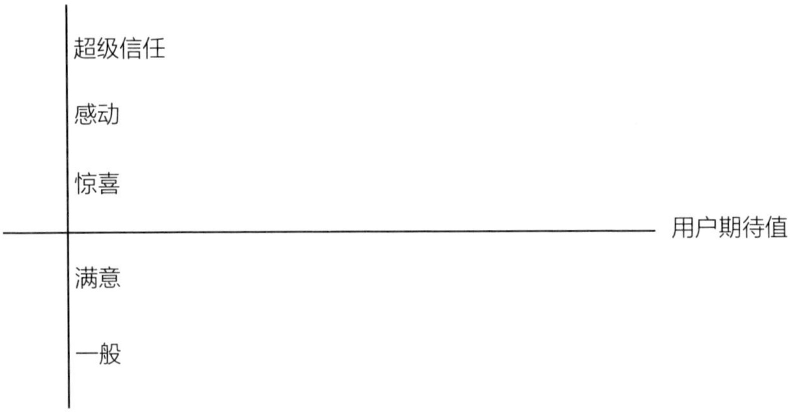

图2-5　用户体验的5个层次

用户体验地图和体验触点

用户体验地图（User Experience Map）是一个可视化地描述用户使用产品或接受服务过程中的体验情况，以此发现用户在整个使用过程中的问题点和满意点，并从中提炼出产品或服务中的改进点和机会点，清楚企业的服务努力方向。

对应到用户参与的一次旅行服务体验中，从第一次的咨询开始到出游后结束的30天，用户的心理和情绪要经历哪些？

用户第一次看到我们的产品详情页？

用户第一次咨询客服的应答？

用户付完款后的第一个服务动作？

用户拿到出团通知书的那刻感受？

旅行结束机场的送别？

到达目的地的欢迎仪式？

目的地最值得期待的体验安排？

旅行结束后的一个月里再次接触的机会？

……

因为旅行预订的前置性和消费后置性，用户的预订距离正式出行中间有相当长的一段时间。你可以看到其实我们常说的旅行服务的体验不是旅行当天才开始的，而是第一次看到产品、产生咨询和互动就开始了，贯穿整个旅行过程直到旅行结束，甚至旅行结束后的30天，还会和用户有一定的交互和服务产生。

体验设计不是单指旅行正式出发后，而是看到我们的文案、产品、标题，与客服的咨询、沟通、聊天，还有领队的对话、服务，在行程中感受到的旅行服务等都是旅游服务体验设计的内容。做好用户的旅游服务体验设计，建立全局的意识和思考非常重要，这种因为和我们交互而建立起来的“旅行感”本身就是旅行体验的一部分。但在实际经营中，绝大多数旅行社在行前和行后的旅行感塑造和建立上是忽略和缺失的。

当用户通过我们的商业行为与品牌发生交互和连接的时候，无论多么微小和不经意，都是一次形成印象和了解的机会，换句话说，旅行企业经营对外的一切触点都是体验设计的具体体现。

以旅行度假为例，如果以一个付费旅行用户的体验地图来看，可以拆解为这么几个关键阶段：看到前—咨询前—付款前—出游前—出游中—出游后30天六个阶段，不同的阶段对应不同的用户心理情绪特征和体验设计的重点（图2-6）。

关键阶段	看到前	咨询前	付款前	出游前	出游中	出游后30天
心理情绪	不知道怎么玩	不知道怎么选	防御	兴奋、弱势，希望被服务	兴奋，无意识和期望对比	忘记弱联系
运营方向	展现	产品表达	构建信任	承接信任	产品力	增加触点
体验触点	搜索	标题	价格	确认时长	行前通知	真诚回访
	公众号	文案	客服回复	客服电话	机场接团	邀请点评
	抖音	亮点词	社群氛围	流程告知	航班	有奖游记
	小红书	视频	品牌内涵	合同签订	酒店安排	定制礼物
	朋友圈	动图		出团通知	导游服务	相片视频
	社群	详情页		注意事项	行程安排	分享会
	推荐	评论		装备清单	峰终时刻	群活跃
	……	……	……	……	……	……

图 2-6　用户体验地图——一个用户的完整体验路径

看到前

产品在用户看到前，也就是用户的产品选择阶段，这个时候旅行用户的心理状态是不知道怎么玩，甚至是还没有明确需求，用户处在旅游需求形成阶段或有了基础需求寻找产品阶段。

这个阶段，用户对品牌和产品的理解还很有限，基本是围绕初次展现和第一印象，品牌和产品通过各种方式希望能够被用户看到，无论是线上的流量还是线下的活动还是朋友的推荐和口碑传播，都需要吸引用户的注意从而建立起了解和连接，很多通过线上方式拉新的流量，用户看过来的第一眼往往在意：品牌定位、设计质感、口碑、产品活动的创意等，这是用户和品牌、产品的第一次体验接触。

咨询前

产品被用户看到了，这个时候带来了新的问题，如何解决用户从看到到产生咨询，这个时候用户的心理负担是我该怎么选？产品这么多，区别在哪里？到底哪个更适合我？值得信任吗？体验怎么样？

这个阶段，用户对品牌和产品的体验点围绕：产品表达，企业需要努力提高产品的可感知价值，包括产品的标题、文案、动图、视频、评论、产品的详情页等。有的用户已经进入了产品的咨询群，这个时候用户是以一种观望的态度来看社群的氛围、客服的回答，以及其他用户的意愿和态度。从现在开始用户已经在"体验"我们的品牌和产品了，只不过是通过线上阅读和观察来感受判断，进入社群以后的新用户体验同样需要设计和安排，有的公司会有组织、有计划地进行，甚至提前"安排"一些环节来活跃气氛和引导新用户增加了解。

付款前

产品被用户看到，通过提高产品外显的可感知价值，提高了咨询转化率，用户产生了咨询，紧接着就是构建信任和引导付款。这个时候旅行用户的心理状态是我买这个对不对？会不会有坑？还有没有更便宜的？

这个阶段，企业需要解决的关键问题是：构建信任，信任是付费的前提。当信任的理性说服大于付费的情绪顾虑，确认付款的按钮就按下去了。

这个阶段，用户对品牌和产品的体验取决于前面两个环节积累起来的信任力，产品价格、客服的回复专业性、退改政策是否真诚友好、优惠等一系列的组合可打消用户的付款顾虑。

以和用户的首次电话沟通为例，我们的体验设计需要做哪些考虑：

沟通目的：

（1）消除防御、构建信任。

（2）确认意向、明确需求。

（3）获取联系方式，争取下次沟通机会。

四不要：

（1）不要沟通前无准备

打电话前自己先花一分钟注意客人的需求，想好沟通要点和目的，再拨通电话。

（2）不要无效沟通

想好客人接电话的可能场景和方便时间，是否方便沟通，不要无效输出，让客人多说从而捕捉需求。

（3）不要丢失沟通地位

首呼是客人接触我们的第一印象，不要过度抬高客人的沟通地位，也不要启动对方的心理防御。

（4）不要让需求口子越来越大

对客沟通是逐渐明确需求的过程，要将需求口越来越封闭和明确，从而缩短跟进时间。

以和用户的首次电话沟通为例，每一个直面用户的体验触点，都需要考量和设计。

出游前

产品被用户看到，产品的表达不错，用户产生咨询，通过构建信任产生了购买，付款后的短暂时间用户的心理是兴奋夹杂着些许不安（通常用户付款后会反复刷订单页或者向销售人员确认一些细节），开始变得弱势。心理上希望被服务，希望了解现在处在整个环节的哪个阶段，希望知晓和获得掌控感。

这个阶段，企业需要解决的关键要素是：承接信任。

用户付完款后是承接之前第二阶段、第三阶段的产品表达和构建信任，开始期待被服务，实际上，这也是旅行体验的真正开始，完整的旅行体验不是等到拿好行李出门的那一刻。

这个阶段，用户对品牌和产品的体验触点围绕订单的确认时长、客服付完款后的确认电话、接下来的流程告知、合同签订、出团通知、出行准备、注意事项、出行前提醒等。

很多企业在这块是做得不足的，用户付款前的咨询服务非常热情和迫切，付款过后长时间不主动联系用户，使得用户的心理感到焦躁、困惑和不信任。付完款了，接下来要做什么？需要准备哪些材料？有哪些注意事项？

用户付款过后的当下心理状态，往往都很需要被服务，一般需要及时和用户联系做信息确认告知后续的流程，人在充分了解后续流程和安排的情况下，心理感受会舒服和安全，既对流程知晓和掌控，又可以放心让你去安排。

出游中

终于，你和用户都等到了这一天，此时的用户心理状态比较兴奋，无意识地将实际体验和之前形成的理解做对比，出游中也是旅游服务体验承接的最重要的环节。

这个阶段，企业需要解决的关键要素是：服务体验承接。

无论是详情页的产品表达还是付款阶段构建的信任，这个时候都需要和真实的情况拿来对比了。所以说好产品是一切的前提，如果没有产品力的关键一环，前面阶段的营销和运营都是在沙中堆塔。

这个阶段，用户对品牌和产品的体验触点包括行前通知、机场接团、航班服务、酒店 checkin、导游服务、行程安排、体验峰终等。

仅仅信息服务一项，一次旅行体验中需要提供的节点就有很多，含早餐吗？几点集合？网络密码是多少？明天什么具体安排？什么时候告诉用户最好，方便记忆又恰好需要，不能让用户有记忆负担，又能在用户需要的时候出现，如果等到用户来问，体验就很糟糕了。

以我 2020 年参加的一次沙漠旅行体验为例：整个体验下来我的感受不是旅行安排，而是体验控制。从进入沙漠那一刻起，你的开心快乐就交给他们了，领队是产品设计的执行者，一个优秀的领队一定是体验控制的高手，知道什么时候带领队员进入气氛，知道从哪几个维度丰富队员的旅行体验感。

在看完夕阳以后，开始了沙漠中的晚餐，入夜以后意味着所有的感官都将被调动起来，一个接一个目不暇接的美好体验：暖胃的羊肉、充满仪式感的红酒杯、篝火晚会、沙漠音乐会、焰火表演、沙漠烟花，伴随漫天星辰和入夜的微风，让人完全进入放松享受的状态。

从进入沙漠、找到营地、吃西瓜、吹风、玩沙、搭帐篷、长桌晚宴、羊肉汤、红酒杯、篝火、音乐会、焰火棒、烧烤、星空、烟花、喝酒、枕着星空入睡，这样丝丝入扣环节背后一定有着无数次的精心设计。

为这样精妙的“分钟设计”折服，不是5分满意，而是10分感动。

一场好的旅行除了产品经理在设计阶段的精心考虑，还需要领队在实际体验中用心执行，一座建筑、一条河流、一座山、一片砖瓦，文化、历史、地理、习俗……如何引领、如何代入、如何理解、如何思考、如何消化、如何回味，经过体验设计后的细致解读和领队引领后的娓娓道来，与未经体验设计的擦身而过，是截然不同的两种体验。

出游后30天

旅行结束了，该挣的钱我挣到了，很多的企业认为这个时候和用户的关系也结束了。

从“新旅游”的体验设计来说，行程结束不是你和用户关系的结束，也许是下一段关系的开始。

此时的用户心理状态通常是旅行结束回归正常工作和生活，容易遗忘你，关系瞬间成为弱联系甚至不联系。

这个阶段，企业需要解决的关键问题是：恰当地增加触点。

这个阶段，用户对品牌和产品的体验触点包括真诚的回访，邀请用户对产品和服务做一些点评，甚至邀请用户写一段游记和笔记（用户生产内容），将旅行的视频和照片寄给或发给客人，唤醒旅行的记忆。还可以为用户定制一些小礼物或温馨的问候信，邀请参加一些线下分享会、旅行交流等，真诚地去构建信任往往能带来下一段旅行的开始。

通过一些恰当的设计有意增加和用户接触的机会和次数，为后续的消费创造可能，留下印象和促成购买都是通过重复刺激来完成的，广告的逻辑也是如此。

以上面用户体验地图和体验触点为例，一次旅行包含的触点非常多，用户也是通过多个触点形成一次旅行的综合体验，对体验设计者来说，体验设计是把“简单”的事做复杂的过程，需要具备同理心、全局思考和提前预演的思维，将用户的情绪和体验规划引导成想要达到的效果。

比如，经营一家民宿酒店，设想一下用户从第一次进店到办好入住进入房间，可以通过哪些关键触点的设计给到住客舒服放松的感官体验？

视觉：灯光柔和、前台装修风格和灯光统一、前台摆放鲜花和绿植。

听觉：大厅播放柔和舒缓的音乐、让人心情放松。

嗅觉：营造放松舒服的香薰气味。

触觉：提供自制手写的旅游攻略和入住 tips（包含早餐、无线网络密码、温馨提示等），冬天大厅还可以提供烤火箱、取暖的地方。

味觉：大厅提供免费茶水和咖啡，前台提供一些精致的小饼干、巧克力。

服务可视化体验设计实践

服务可视化是体验设计中的一项技巧，指的是将产品和体验设计者用心为用户准备的地方，需要想办法让用户看到、知道和感受到，只有这样用户才会体会到我们的服务，也会帮助我们传播，从而达到体验设计效果的最大化。

比如，疫情期间看到的外卖单上都有厨师和配送员的体温签字表，让点单的用户清楚外卖的经手人员和健康情况，从而放心食用。试想一下，如果没有这项服务的可视化，疫情期间最大的担心就是安全健康，会有很多人对拿到的外卖不放心。

还有酒店房间的毛巾。我们看过很多酒店的毛巾是不够卫生的，用户进入房间拿到毛巾的时候也不知道毛巾的消毒清洗过程，导致不敢使用。如果可以将毛巾装入密封袋并贴上消毒清洗日期和经手人，这样的毛巾看起来是不是更容易感到健康、安全一些？

餐厅用餐的时候，很多碗筷是密封包好的，我就见过一家餐厅在用户点菜后把烧开的热水盆放在桌上，当着用户的面将桌上的碗筷一一烫洗，给人感到更加卫生。

还有一个例子是 2020 年参加四川省研学旅游大会的时候，我们来到峨眉山参观雪芽基地。接待人员先将我们带到后山茶园，现场讲解雪芽的种植、采茶过程，然后带我们到后台制茶的车间，现场观察和学习制茶大师亲手炒制手工茶。在最后分别的时候，车间炒茶的大师将炒好的茶叶现场封装，作为每人的伴手礼。因为前期看到了种茶、制茶、炒茶的全部过程，所以当制茶大师现场给每个人封装茶叶的时候，我们一行人非常感动，拿到茶叶还能感受到茶的“温度”（图 2-7）。

旅游服务需要面对很多用户多次、高频的交付，服务 100 个用户好评不难，当面对 1000 个用户、10000 个用户甚至更多服务体验的压力时，想要用户的体验好不出现差评，做到可复制的美好体验，需要依靠稳定的交付机制。复制的背后是提前思考和精心设计，否则好评只能靠随机，转发只能是运气。

一切伟大经营的背后都是设计，只有被设计过的体验才能实现可控制、可复制。

图 2-7　世界研学大会的现场手工制茶

2.3　重新理解流量——流量是开始不是结束

为什么要理解流量

流量是所有商业行为的前提，所有的经营都需要流量，每一个做生意的人都会思考，我的流量从哪里来？在线下，流量就是我们看到的闹市街区源源不断的人流，在线上人们的注意力就是流量，如朋友圈的阅读、一个页面的点击访问。

为什么要重新理解流量？

旅游行业在过去的10年里流量形式经历了从传统门店到OTA（线上代理）、从同业渠道到旅游顾问、从公众号到短视频，流量形式、流量成本和流量效果已经发生了很大的变化。

具体来说，有这样几个显著变化：

（1）流量困境和流量焦虑

一个普遍的共识是今天大家都遇到了流量增长的困境。随着在线旅游的发展进入成熟期，渠道端的格局初现，策马扬鞭一路狂奔的阶段已经过去，精耕细作的时代正在来临。

在今天无论是携程、飞猪、同程、美团这样的行业巨头，还是体量较小的旅行公司都遇到了流量增长的瓶颈，单个旅行用户的获客成本已经超过了普通企业可以支付的上限。早期伴随移动互联网的流量红利逐渐消失，简单来说地主家也没有余粮了，大家都要找到新的低成本流量。

（2）疫情使得用户在线时代全面到来

过去旅行行业仍然还有相当一部分流量依靠线下，疫情期间的居家隔离，使得三线、四线、五线城市的老人都学会了使用智能手机，整个社会跑步进入了“在线时代”。传统的线下流量渠道正在土崩瓦解，旧流量被新流量渐渐取代，如逐渐兴起的直播、达人流量、抖音、小红书……不断聚集人们手机使用时间的新平台成为一个个新的流量洼地。

（3）寄生流量成本高、流失快

伴随在线旅游进入成熟稳定期，来自 OTA 等交易平台的外部流量成本也渐渐提高，有的佣金率甚至已经超过 15%。加上来自平台的账期和日常的经营成本，使得相当一部分旅行社利润微薄甚至出现亏损。

在现有的发展格局下，OTA 佣金成本的不断提高成为不可逆，接下来平台佣金只会越来越高，要求只会越来越严，一家旅行社今年在 OTA 上卖得好，第二年很可能因为各种自己掌握不了的不确定因素导致销量掉下来，寄生流量除了成本高还具有相当大的不确定性。

商家看清了这层关系，2019 年已经出现一部分旅行社逃离平台，寻找新的流量。

（4）微信依然是和用户连接效率最高的工具

虽然微信早已不是新事物，但微信目前还是人们的第一社交工具，依然还有很多可挖掘的商业价值。所有的商业必须和用户有交互、有连接，微信是我们连接用户、和用户发生交互效率最高的工具，商家依托于微信社交工具，多个平台卡位，最终通过微信和用户建立连接和交互的方式成为可能。

（5）追求健康可持续的经营流量

过去的经营逻辑是付出单次获客成本获得单次交易，无论来自同业、线下、还是线上平台的流量实际都是别人的。越来越多的公司意识到需要建立自己的品牌和用户信任，建立自己的流量池，追求健康可持续的经营流量，而不是用完即走的单次成本和单次交易。

我们有理由相信在中国旅游接下来 10 年的发展演进中，伴随新技术、新平台的不断崛起，一定还会出现不同的“新流量”。就像 10 年前，我们没有抖音、微信、小红书一样，但今天这些都成为非常新颖有效的流量形式。

旅行业常见的流量和特点

门店流量

门店是过去旅游行业经营多年的流量形式，无论是老牌旅行社国、中、青还是在线旅游平台，携程、途牛、同程、驴妈妈都在不同时间选择过门店作为自己的流量补充。

2019年的公开数据显示：携程旗下旅游百事通、去哪儿和携程旅游3个品牌的门店数量达到7000家，全部采用加盟模式。途牛和同程最早开始的都是直营模式，全国门店分别有500家和150家。驴妈妈选择的是加盟模式，全国共有门店接近800家。宝中旅游和乐游旅游是加盟模式，全国拥有门店2800家和2100家。

还有传统旅行社的国旅、中旅、青旅、康辉、锦江、南湖、广之旅等都在全国或区域选择直营或加盟的方式以门店来开展自己的线下业务。

但在今天，尤其是疫情发生之后，旅游门店的经营也遇到了不小的挑战。

来自品牌装修风格、产品资源丰富度、门店的信息化水平、固定客群的单一、产品的同质化竞争、线上对线下流量的争夺等都让经营一家旅游门店变得不再像过去那么容易。2020年新冠肺炎疫情暴发之后，全国范围内就有大量的旅游门店选择关停、转行。门店这种收集流量的形式如果不依靠数字化统一管理和营销，只是依靠位置流量等待用户的walk in，已经几乎没有生存发展的可能。

OTA流量

OTA作为过去20年里最为主要的线上获客方式，曾经是不少旅行社的第一流量来源，随着在线旅游进入成熟稳定期，资本补贴不再、平台佣金上涨，使得来自OTA的佣金成本变得越来越高，且这种成本的上涨是不可逆的，也导致不少商家逃离OTA。

平台流量的另一个特点是积累不了用户，用户永远是属于平台的。商家需要不断地付出获客成本寻找流量，在平台严格的运营规则和较长的账期下夹缝生存。

同业流量

同业流量是过去旅游行业依靠信息不对称和核心资源的垄断建立起的一种同业间合作模式。一家在安徽安庆的旅行社并不清楚最有优势的马尔代夫资源在哪里，或者拿不到过去包机、包房、包船核心资源，这个时候大量的地接或批发资源就需要通过同业渠道分发到全国各地的中小旅行社。

这种同业模式随着信息不对称的不断打破和经营不再依靠包机、包房，同业的合作关系也会难以为继。

公众号流量

伴随微信公众号的崛起，门店、同业和OTA之外的一种流量形式成为今天的另一种主流。这种流量的好处是可以直接触达用户且有品牌积累价值，不用付出流量成本，稻草人、VIVA旅行家、游侠客、32号就是依靠微信公众号的流量红利，迅速成长为新型的旅行公司。

内容平台流量

由头条、抖音、知乎、小红书等内容吸引用户最终微信承接的流量收集方式也在不断地受到欢迎，2021年不少旅行社开始转向抖音、小红书，依靠内容吸引它们想要的用户，甚至一个领队或司机依靠自己拍摄的原创图文和视频素材，获得精准的粉丝关注，从而找到旅行用户。

达人流量

2019年的“双十一”，公众号嬉游就在“双十一”预售期间给飞猪带货1.4亿元。1.4亿元是一个什么样的概念，相当于今天员工人数在80人以上的旅游公司一年的GMV。这样的体量放在同程、途牛、马蜂窝这样量级的旅游平台都是一个值得关注的数字。

2020年的“双十一”期间，累计带货达到5.33亿元。疫情期间人们最爱购买的是自由行酒店套餐，嬉游多次参与飞猪酒店套餐推荐，还和携程梁建章一起开启 boss 直播，成为疫情期间旅游行业最快启动销售的一大亮点。

传统企业做 10 亿元 GMV 需要 1000 人，电商企业做 10 亿元 GMV 需要 100 人，网红达人企业做 10 亿元 GMV 只要 10 个人。

今天很多人理解的“做旅游”，还停留在复制粘贴发发广告，转发一下朋友圈。

不是今天的旅游太难做了，而是过去的旅游太好做了，今天的旅游运营要求有产品设计、服务设计、产品表达、用户经营的完整闭环才能够提高整体的经营效率。

而内容是驱动交易的开始，为什么嬉游的内容哪怕是广告用户都很喜欢？是因为信息和需求的关联，相同的信息有人觉得是打扰而有人觉得很需要。信息的价值取决于需求的精准匹配，关注嬉游的人，都对嬉游有着确定性的期待。达人模式降低了消费者的选择成本，降低了企业的营销成本，提高了用户的决策效率，成为 2020 年旅游行业最值得关注的流量形式。

除了以上提到的几种主要流量形式外，还有来自百度竞价、信息流、B 端合作等各种分散多源的流量方式。

现有流量形式的普遍特点：

（1）单次付费单次交易

无论是来自 OTA 的流量还是线下或同业的流量，对流量的利用基本停留在单次生意的交易，下次交易需要再付出一次获客成本，不断拉新转化又不断拉新，这是旅游业过去长期持续的流量利用方式。

在过去几年，伴随移动互联网用户快速增长和中国旅游产品供应从线下搬到线上的两波红利。在线上产品供给相对稀缺的阶段，加上资本的进入，流量相对便宜，几乎很少有旅游企业是“珍惜”流量的。“躺在流量里”长大的公司，并不能感受到每个 UV 背后的成本和价值。

（2）无品牌、无沉淀、无运营

来自渠道的流量只记得渠道的品牌，不记得最终服务的一方，对获得的首次流量没有再次运营和激活，没有用户数据的沉淀和老客的精细化运营，某种程度上，大多数的旅行公司只有新客，没有老客，现有的流量在精准利用和挖掘上都有一定程度的浪费。

（3）无数据、无画像、无算法

今天我们对获得的流量依然不知道从哪里来，因为什么而来，也不知道最终去了哪里，为什么离开？

对从拉新、转化、留存、复购的全流程的数据监控还是离线和缺失的，没有建立用户行为的挖掘和分析，缺少科学的数据分析工具，获客依靠随机和偶遇，营销推荐上缺少抓手和针对性。比如，100个访问转化1个，另外99个他们从哪里来，为什么没有转化，最终去了哪里，目前我们是不知道的，也没法做任何营销运营层面的主动干预。又如，一个用户因为看了一篇内容，对页面重复看了3次停留120秒，然后跳出，这样的用户我们该不该主动接触一下？

今天整个旅游行业对用户页面访问的停留时间、流量渠道细分来源以及页面行为的数据埋点都还是不足的。

在流量成本高昂的今天，这样粗糙的方式对流量的利用是明显不够的，今天大部分旅行公司的生意还在过度依靠单次付费流量单次转化的粗糙逻辑，接下来随着智能商业的演进和数据营销工具的成熟，将会迎来全行业的运营精细化，不同用户不同交互和相同用户不同阶段的不同交互。

正确理解流量的5个本质

随着时代的发展，流量形式一定还会发生多种多样的迁移和变化，如果我们理解了流量的本质，就会更快速地识别“新流量”并掌握流量的正确经营方式。

和用户接触的一切触点都是流量

用户在哪里就去哪里，目光所及皆是流量。

获取用户不局限于平台和工具，用户在哪里就去哪里，换句话说，只要是今天占据用户时间的App，都要想想是否能和自己的生意产生联系。

抖音、知乎、快手、小红书、美图、口碑、美团、京东、朋友圈、公众号、小程序等一切消耗用户时间的地方，都可以尽可能地早点布局在那里等待用户。

微信公众号时代诞生了一批优秀的旅游创业公司，包括32号、VIVA旅行家、稻草人，在短视频时代有没有可能呢?

有，而且出现的时间会更短。

公众号的本质是提供了一种和用户认识、连接、交互的方式，让再小的个体都有发声的机会，这也是互联网成为基础设施以后让每个人都有了表达自己、吸引同好的可能，而短视频在表达和交互效率上都不输公众号。

有品牌、有温度、可交互、可闭环的直接面对用户的电商经营方式成为新旅游经营创业的最好选择。旅行这样重决策的消费，用户是如何完成购买决策的呢?是依靠和用户的不断交互建立起来的信任。

抖音等短视频的价值在于，用好的内容来换取用户的时间，从而对你有认识、愿意花一点时间去了解你，在这个基础上积累起信任，最终实现付费。从效率上，今天还不看好抖音上的旅游广告投放。我在携程工作的时候尝试过在抖音投CPA广告，发现ROI太低，包括今天抖音上的旅行号基本没有直接挂飞猪链接或旅行产品的链接。因为这个场景不适合旅行产品的直接交易，但积累用户可以。用户来抖音的目的是用时间换好的内容，内心还没有准备交易，从旅行消费特点来说，旅行产品的决策成本高、客单价高、产品非标这些特点都限制了短视频旅行产品的直接带货。但是通过有价值的内容吸引目标用户关注再引导到微信、完成用户获取，在今天是非常成立的。信任是交易的前提，抖音的价值在于给了你一个表达的机会，也给了一个用户找到你的机会，在这个连接的基础上发生更多的交互，从而建立起信任，实现从内容到商业的变现。

所以拍抖音做爆款不是我们的目的，获取精准流量才是。准确地说，获取精准流量也不是，与用户发生交互才是。再准确点说，与用户发生交互也不是，通过抖音这样的表达方式和用户建立连接、积累信任、产生价值交换才是。

所以说能和用户接触的一切触点都是流量，并且我们需要通过首次连接建立起和用户持续互动的方式，来和用户建立了解和信任，从而引导用户在未来某一天完成消费决策（表2-2）。

在网络时代，人们的注意力就是流量。每过几年都会有新的流量平台展现出来，新平台出现的初期往往都有巨大的供需失衡。这种短期的供需失衡就是流量红利，如果能够生产和提供好的内容，红利来临的时候流量会来找你，而红利过去的时候，只能是你找流量。

表2-2　全平台流量布局的不同形式

	微博	抖音	B站	微信	视频号	小红书	知乎	头条	百度	OTA	同业	异业
游记												
攻略												
案例												
视频												
内容												
产品												
……												

寻找到健康可持续的流量闭环

上面提到今天的很多流量渠道是单次交易，你和用户之间的关系就是一次生意，用完就走，每次付费。这种经营方式当然可以的，但是不够健康、稳定、可持续。

未来的生意每个商家都应该为自己建立一种健康、可持续的流量闭环。

什么是健康、稳定、可持续的流量？

（1）全流程、全周期、多触点

从拉新接触阶段到和用户交互的全周期都有品牌露出，且有多个触点来和用户发生交互，从而和用户建立信任，完成购买决策。

（2）反复互动、多次转化

通过首次获客成本（CAC：Customer Acquisition Cost）和用户完成首单交易后，不意味着和用户关系的结束，相反需要珍惜来之不易的流量，建立起和用户的反复互动和持续运营，提前捕捉和影响用户的下次消费，从而提高用户的客户终身价值（LTV：Life Time Value）。

客户终身价值有时被称为客户全生命周期价值，指的是每个用户在未来可能为该服务带来的收益总和。

客户获取成本是获得单个客户的平均费用。

获客效率主要是CAC和LTV的平衡，如果用户的终身价值贡献大于该用户的获客成本，那么至少是一次值得投入的获客。

同样获得一个国内游用户，你的获客成本是否更低？用户质量是否更好？渠道结构是否健康？

在今天，一个不可逆的事实是来源于OTA的获客成本越来越高。

流量利用效率是有没有将LTV发挥到最大，2019年提到最多的一个词是私域流量，如果在今天高昂的获客成本之下，用户的价值贡献只有单次，就好比拿啤酒瓶接雨造成很多运营不充分的浪费。

价值观，高认可

从流量转化为销量，更要把销量沉淀为品牌，旅行消费的决策特点中口碑和推荐都非常有助于帮助用户完成决策。

未来旅行公司的经营需要建立起以连接—互动—认同—品牌的持续交互路径，才能建立起旅行消费的长期品牌。

旅行经营离不开一个个珍贵的、信任我们的用户，对于今天大部分从事收集流量的商业单元来说，用户就是生存的根本。只要好好做事，不坑用户，不做傻事，不伤害用户对品牌的信任都会有生意。同时一家有品牌的公司需要有坚持、温度和价值观，在未来，价值观和认可就是一家旅行公司最大的流量。

疫情之初面对大量的退款订单，在未来政策非常不明朗的情况下，稻草人、32 号第一时间对用户做出了无损退款的承诺，维持了用户的信任和好感，疫情得到控制后的 5—6 月份，这些用户第一时间又选择了它们，成为旅行行业最快复苏的案例。和很多的旅行社没有订单、没有生意，形成了两种商业逻辑的巨大差异。

曝光不是流量

网络世界里，用户是“一天到晚游泳的鱼”，曝光只能和用户打个照面、留个印象，带不来付费。很多的曝光和营销事件只能带来用户的流动，是普通流量、不可控，随机且肆意流动，这种曝光流量也不是没有价值，只是需要对不精准的流量做一轮“清洗”，深度运营才有后续的商业变现价值。

流量是开始不是结束

无论是通过竞价、社群、内容还是异业渠道带来的流量，流量的价值只解决品牌和用户的“偶遇”也就是连接，对低频高客单价复杂决策的旅行产品，连接很难带来直接的交易，持续的互动才有机会，所以对旅行消费来说，流量是开始不是结束，后面在用户运营的章节中会详细讲到。

建立健康可持续的流量闭环

自媒体矩阵

接下来，一切旅游公司首先都应该是内容公司或是媒体公司，旅行产品的特点决定了好的表达离不开图片、视频来帮助用户建立起对目的地的了解和吸引。

随着 5G 技术的成熟和流量费用的不断下降，我们从文字时代进入读图时代，又从读图时代进入视频时代，未来可能还会有虚拟现实，这些都离不开旅行公司对目的地原创素材的创作能力。

可以说，没有内容的原创能力，在接下来的营销获客中，很难吸引到精准的目标用户。

各种内容平台提供了很好的供创作者表达自己、吸引用户的机会，每个商家都应该建立起自己的自媒体矩阵和内容创造团队，这是经营的核心能力之一，未来10年，一定还会有新的流量形式不断出现，但都离不开内容的原创能力，好的内容可以多平台分发，将获得关注的流量不断沉淀到自有的微信公众号、私人号、小程序上都是很好的经营方式。

我们看一个旅行商家在今天可以有的流量渠道有哪些：

OTA、抖音、公众号、小红书、知乎、B站、头条、视频号、其他各种内容创作平台。

以上流量来源中除了OTA流量，都不再需要针对每个订单付出每次的交易成本且可以持续触达。

视频号是2020年年初火起来的新流量平台。1月22日微信在部分城市内测"视频号"功能，微信将其定位为，一个人人可以记录和创作的平台，也是一个了解他人、了解世界的窗口。1分钟内的视频，或者9张以内的图片，依托单列信息流形式，入口仅次于发现页的二级菜单"朋友圈"下方。以视频+文字为主，也可以是图片+文字，视频最长1分钟，图片最多9张，文字最多1000字，还可以附带公众号链接，互动形式方面，支持评论、点赞、收藏和转发。

视频号因为强大的推荐算法，非常适合旅行行业，具体怎么用呢?

（1）引导用户点赞出圈

旅行当中给每个用户抓拍高清的照片和小视频，剪辑好发给用户，大多数用户对自己满意的照片和视频一定会点赞或转发给朋友看，在视频号中点赞即转发，会推荐给用户的微信好友，这就可以帮助我们找到用户的朋友，从而实现出圈，增加推荐的概率。

（2）新建话题，积累评价

在视频号上新建一个结合品牌的话题持续去经营，如#小贝带你游川西# #发现世界那一天#，等这样相关的好评、用户出游视频都会累计在话题下面，方便以后的新用户快速对你建立信任。

可以把视频号理解成自己朋友圈的延伸，而朋友圈是封闭的，加了好友才会看到，视频号是流动开放的，可以触达更多的人。

今天来看，公众号阅读数正在不断下降，且需要不断创作，单次传播范围局限，一般热度就在1～2天，具有一定的挑战和局限性。

在实际的经营中，商家会以多个流量渠道相互补充的方式来经营一个用户，如一个用户关注了公众号，也可以导流到关注抖音、视频号、私人号，这样可以建立起对同一个用户的重复影响和触达。

另外生意有大小，一个流量平台打透了也会有不错的效果。你遇到的问题大家都会遇到，本质上还是依靠持续的原创能力，才能轻松应对流量的挑战。

当然，我们对流量的理解是发生首次连接，然后通过交互建立信任，线上流量平台可以帮助我们找到和用户的首次连接。结合我自己的操作经验还会将来自线上的流量通过线下的创意活动增强交互从而建立信任，如Citywalk、城市骑行、一日离城等。

私域流量

2019年，互联网领域尤其电商行业开始不断地提到私域流量，其实也是结合互联网的不断发展，人们对流量陷入新的思考和焦虑。

（1）什么是私域电商

简单来说，就是通过公众号、微信群、私人号、小程序沉淀下来，企业或者个人可以自己掌握的流量，它的特点是可以反复利用，无须付费，又能随时触达，相对于头条，抖音、喜马拉雅等自媒体渠道的流量以及淘宝、京东、百度、携程、马蜂窝这些公域流量平台，它属于商家的“私有资产”，真正意义是自己的客户资产。通过私域流量为自己建立一种健康可持续的流量闭环，实现有品牌、有电商、有温度、可交互是中长尾商家的最优选择，这就是私域电商。

（2）私域电商有哪些特点

私域：反复利用、无须付费、随时触达、真正自己掌握的流量和用户关系、推荐逻辑。

公域：单次交易、重复付费、间接联系、用户对品牌无感的用户关系、搜索逻辑（图 2-8）。

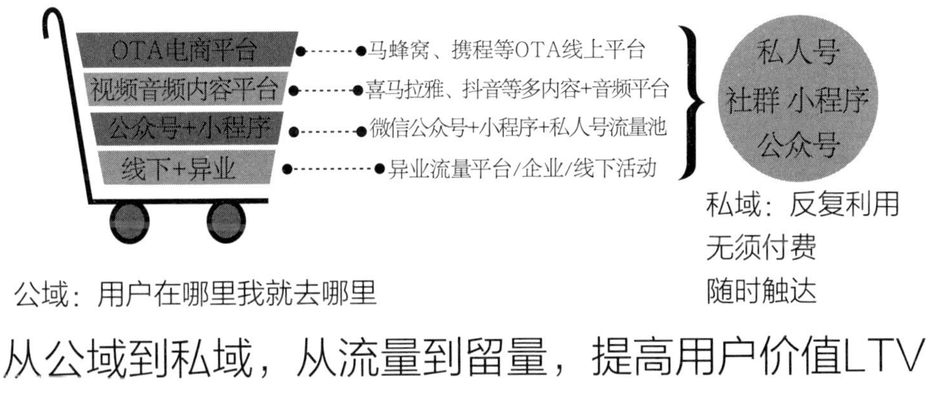

图 2-8　公域、私域的流量对比

旅游企业适合做私域流量吗?

私域流量相对公域流量有即时触达、反复利用、无须付费、兼具转化效果和品牌积累的优势和特点，但获得和运营私域流量并不容易，如果没有对流量和用户关系的完整理解以及体系化的运营思路，就容易沦为广加好友、狂发广告直到被用户拉黑的结局。

基于私域流量的特点决定，适合做私域流量的行业应该具备高客单价高毛利、非标品、决策周期长、决策困难大、消费频次适中、适合分享的特点，对应旅行度假市场，是比较适合的。

（3）怎么搭建私域电商

今天我们会发现，用户只有在预订旅游产品的时候，才会打开携程、飞猪或者想到线下门店。在消费决策形成之前的阶段，用户注意力被无限地分散了，分散到了今日头条、抖音、知乎、搜狐、朋友圈、得到、爱奇艺、喜马拉雅等内容平台。

注意力所在的地方就是流量，私域流量构建的第一步就是去找公域，从所能触达的大海里架一根管道引流到自家的“小鱼塘”。这个阶段，用户在哪里就去哪里。

通过不同平台的占位和内容分发，直接引导到交易是不现实的，所以现在抖音上并没有直接做旅游的交易跳转，这个转化率一定不会高，挑战了用户从决策到交易的转化时间。这个阶段需要传递出给用户的关注价值，引流到自己的公众号或私人号，最推荐的依然是私人号，公众号的入口深度和打开频次都让你和用户的距离越来越远，而私人号就直接多了，这个阶段要想清楚，“用户为什么要添加我”，我能给到用户什么样的价值。

在等待用户加好友之前，依然有一些准备工作要做，如为了让私人号更接近真实用户，需要提前“养号”，增加消费、转账和好友互动，朋友圈内容建设等。

和用户的互动关系，也绝不仅仅停留在“拉新”和“关注”，还需要增加互动和连接，需要给到用户明确的关注价值，如何传递给用户价值感，这是构建私域流量最难的环节，毕竟没有人希望自己的好友里多一个客服，也很少有人愿意进入一个相互不认识、信息堆叠的广告群。

针对每一个服务过的用户，都可以有意识地和用户建立起联系，构建起用户的信任，诚意远大于技巧。和顾客不只是买卖关系，还有情感互动关系，增加互动和服务的触点从而获得更多的可能，包括复购、分享和推荐。

（4）运营私域电商的核心是什么

是信任和情感账户。信任是所有付费的前提，从用户看到产品的第一眼到咨询和购买直到最终的出行和归来，用户消费的每个使用路径下都伴随着不同的情绪变化和需求重点。只有通过精细化的服务设计，才能打消用户的心理防御，构建起彼此的信任关系。

（5）旅行行业构建私域电商的常见误区

私域流量不是加个好友，每天发广告消耗用户，私域流量更强调用户运营，是对用户精细化、个性化的关系管理。

私域流量不是赚快钱做一锤子买卖，更关注用户的长期价值，真诚用心地和用户做朋友或许很慢，但这样积累起来的流量才更持久。

私域流量不是工业化洗流量的流水线思维，私域流量是通过有温度的服务，构建和用户的长期关系。

私域流量不是见人就拉微信群，每天强迫看你的广告，私域流量是真正给到用户关注的价值。

私域流量下你的员工不是导购、不是客服，而是一个有情感、有温度、有价值的人。

变化正在发生，流量就像是商业世界里的水，每个商业单元就像是不断寻水的鱼，未来还会有更多更新的流量形式涌现出来，我们要做的就是正确地理解流量和经营流量。

2.4　提高产品表达力——让好产品自己会说话

产品表达是新旅游经营区别过去老旅游经营的一个显著特征，我在携程工作的时候，给同事提出了“表达力”的概念。具体来说就是这个产品的价值在互联网上是否容易被用户方便地感知到，网络上的付款购买没有和用户面对面的对话机会，甚至很多购买是静默下单，需要我们通过一系列有节奏的“表达”，让用户最终决定放心地付费。

前面提到的产品设计和体验设计是构建产品力的过程，但旅游产品的体验都是后置的，需要用户实际参加、体验过才会知道好不好。但购买是前置的，用户是通过品牌和产品的一系列表达来和企业建立沟通、对产品有了了解和信任才会付款下单，除了产品力外，我们还要提高产品的表达力。

产品找到用户面临的三座大山

新的信息不对称

互联网发展到今天，已经解决了信息上网、产品上线的问题，过去在线下旅游门店的产品都搬到了网络上，但因此也带来了新的问题：新的信息不对称。

新的信息不对称体现在两个方面：一款好的产品用户不知道，因为网络上的信息和产品太多了，无论在携程、飞猪、马蜂窝还是在公众号、朋友圈，都有很多云南、三亚、马尔代夫的产品，很多产品都进入不了用户的视线，这就导致好产品看不到，这也是前面章节提到的流量环节需要解决的问题

另外的信息不对称来自产品本身，用户已经看到了产品，进入了产品的页面、看到了文案，但是没有吸引住用户，短时间内跳走了。一款好的产品用户不知道有多好，产品和用户获得了一次宝贵展现的机会，但很快流失了，这是转化率的

问题，也是本章重点讲述的产品表达力的问题。

手机阅读的分期付款

在依赖手机阅读的今天，人们的注意力是非常宝贵且分散的，无论我们通过内容、社群，还是竞价、朋友圈的方式来做流量，都只是争取到了和用户连接的一个“偶遇”，这次“偶遇”非常脆弱，如果没有持续的表达内容能够吸引住用户，用户的注意力在下一秒就会被新的事物吸引走。

互联网时代的手机阅读遵循分期付款定律，“0.5s—2s—10s—100s”的注意力投放，具体来说用户在社群、朋友圈或者搜索列表里看到了文章或产品，0.5s的时间一闪而过，如果标题本身不够吸引，会和用户直接错过，这个时候产品很好、很适合也没有用了，因为用户已经无法看到和感知到。

如果标题让用户感兴趣，用户会点进来产品页再看一看，到达产品页以后花2秒的时间快速浏览，如果不符合用户的审美和需求，或者没有感受到产品的吸引点和价值，这个时候就会跳出。如果这2秒留住了用户，用户还会花10秒的时间认真看一下价格、研究一下详情页。如果这10秒还能留住用户，用户还会再给100秒来认真研究这个产品是否适合，要不要购买……

你可以发现手机时代的阅读习惯是十分挑剔和随意的，作为产品的表达需要一步一步地吸引用户。其中一个环节断掉了就会非常可惜和浪费，在用户看向我们的每个流量瞬间都充满了竞争，只有全路径的通畅才能真正有效。

试想一下，今天我们看到一个产品的浏览数据只有UV，还不知道这个访问背后经历了什么，有多少是有需求但是因为品牌和产品没有表达好而流失的，这些在精细化运营上都很有空间。

可感知、可理解的价值

过去做旅游很多依靠线下门店和电话销售，需要很多面对面的沟通，面对面的沟通可以直观表达出产品有多好，也方便用户感知到价值，从而付费。但今天越来越多的旅游消费是来自线上，产品和用户是没有沟通机会的，甚至盲目地拨打电话也会让用户抗拒，今天面对用户的很多沟通都线上化了，对品牌和企业来说，需要让产品从通过沟通可理解的价值变成通过阅读可感知的价值，从而提高经营效率，企业需要首先适应面对用户沟通表达方式的变化。

可感知的价值是通过文字、图片等表达传达出产品价值，可理解的价值是通过电话、对话、面对面表达出的产品价值，如果可感知的价值大大提升，减少线下和电话销售也是降低成本、提高效率的经营行为。

旅游产品详情页制作原则

今天不少旅游产品和服务的销售渠道来自电商，无论是携程、飞猪等OTA还是自有的有赞商城等，产品表达承接的主要载体都是内容详情页，前面我们提到用户经过分期付款最后会将兴趣点投在详情页，详情页也是决定用户是否最终付款的关键环节。

旅游产品的内容详情页承担哪些功能呢?

信息介绍

信息介绍需要把产品和服务、安排等介绍清楚，一次旅行包含的信息点非常多，具体的目的地、餐食、交通、线路安排和行程走法，甚至还有目的地的介绍和背景信息，这部分信息的介绍不是文字堆叠，而是符合用户认知习惯的介绍（表2-3）。

用户都不喜欢看大段的文字，需要我们将重点信息提炼并以图文的方式展示出来。先整体后局部，符合人们对事物了解和观察的方式，先提供核心、重要、用户都很关心的信息，其他用户受众面不大的信息放在后面。不要试图把所有的信息堆叠在整个版面，让用户自己去探索，凌乱没有重点的信息用户阅读起来很有障碍，情绪上不会放松，往往容易跳出（图2-9）。

用户的阅读感受也是体验的一部分，如果能够把用户的阅读体验引导得非常舒服，激发用户对产品的向往和美好情绪，对转化率的提升非常有帮助。在体验设计中这部分也叫交互设计和视觉设计，对一个具体旅游产品来说，首先用户想知道的是这个地方在哪儿，线路什么安排，如果以一张图片清晰地展示，效果好过很多文字。

表 2-3　seahello 冰岛行程介绍

时间	浏览城市	行程	特色	餐饮 / 住宿
D1	国内 — 雷克雅未克	【航班】国内—雷克雅未克	【赠送】 无人机航拍	雷市
D2	黄金圈	【雷市游览】哈帕音乐厅（入内） 哈尔格林姆斯大教堂（登顶）， 太阳航海者，托宁湖 【极地地标】大间歇泉，黄金瀑布， 辛格维利尔国家公园 【极地打卡】kerid 火山口	【极地特色】 黄金圈 三大网红景点	赛尔福斯 / 海拉 早餐：酒店
D3	维克 — 教堂城	【极地地标】赛里雅兰瀑布，黑沙滩 【体验】沿途冰岛马互动 【体验】飞机残骸 （自费或自选冰川摩托） 【冬季版特别体验】出车追极光	【体验】 沿途与冰岛马互动 【体验】 飞机残骸 （自费或自选冰川摩托） 冬季版特别体验 出车追极光	教堂城 / 维克 早餐：酒店
D4	瓦特纳冰川 国家公园	【极地地标】瓦特纳冰川国家公园， 冰河湖，钻石沙滩 【极地体验】蓝冰洞 【极地地标】斯科加瀑布	【极地体验】 蓝冰洞	海拉 / 塞尔福斯 早餐：酒店
D5	雷克雅未克	【航班】回到雷克雅未克 【自由行】主街半日自由行 【体验】蓝湖泡温泉（2h）	【体验】 蓝湖泡温泉（2h）	雷市 早餐：酒店

续表

时间	浏览城市	行程	特色	餐饮 / 住宿
D6	雷克雅未克 — 国内	【航班】雷克雅未克—国内	【行程延续】 冰岛直升机观光 斯奈山半岛一日游 哈帕北欧音乐会 雷市美食漫步	早餐：酒店
D7	国内	【航班】回到国内	/	/

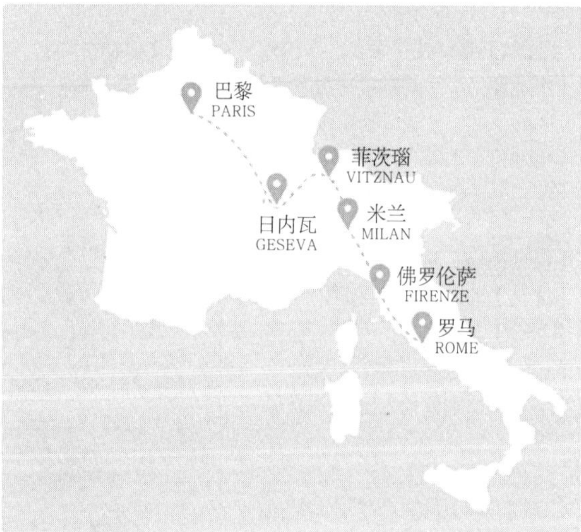

罗马 · 佛罗伦萨 · 米兰 · 菲茨瑙 · 巴黎

图 2-9　法意瑞 13 天行程概览

价值传达

价值传达是把产品的价值感和亮点提炼出来，为什么去这里，产品为什么这样设计，这样安排有什么好处，有哪些差异化的地方，酒店、餐食、导游、领队、车辆，软件和硬件的亮点，价值传达也是说服力的构建，为什么这个产品适合用户，用户为什么要买，为什么值得这个价格，把对应价格的产品价值表达出来。

品牌渗透

如果我们在详情页里能够放出自己品牌的介绍，如人群的定位、坚持的价值观、创始人的故事、品牌的理念等都有助于增加用户对品牌的进一步了解和好感。

信任构建

旅行产品消费是个重决策的过程，用户在付款之前往往在观察产品和品牌，当不断累积的信任大于付费的情绪顾虑，付款按钮就按下去了。

除了上面说到的信息安排和价值提炼以及品牌方面，用户真的到了付款那一步还是有些犹豫的，这时候以往用户的评论、过往公司获得的奖项，甚至退改政策以及承诺都会影响用户对产品的信任值，一个好的产品首先在表达上就得看起来好卖。

2020 年下半年还属于疫情期间，很多用户对旅游产品的预订仍然有顾虑，害怕疫情导致的退改增加麻烦和损失，很多旅游企业为了消除用户预订顾虑，在页面上首先介绍，如果因为疫情导致不能出发，将安排无损退订。

总的来说，旅游产品详情页是承接用户兴趣点的关键环节，内容设计要符合用户的阅读和认知习惯，降低阅读焦虑，包含字体、色调设计都要对应得上产品的价格、品牌和调性。

（1）整体版面留住视觉前 3 秒。

（2）符合信息接收习惯（位置、行程线路图、每天的安排表）。

（3）看起来好卖。

（4）排版、字体、色调符合调性审美。

（5）减少文字、降低阅读成本。

（6）不需要手指多次上下滑动，信息有层次，降低阅读焦虑。

旅游产品文案的写作技巧

除了上面提到的基于在线旅游电商的详情页制作，公众号或短内容文案在今天也是产品表达的主战场。

以公众号的文案写作为例，一篇旅游文案的目的除了传达美感和意境，还需要通过信息传播、建立关联、触发行为，将想表达给用户的信息植入用户的脑海中，与用户的旅行需求产生关联，从而让用户产生共鸣，激发起对远方的向往，旅游文案不是目的，我们是想通过文案和用户沟通，以期待用户做出预期的行为，如添加私人号、进群或者咨询、转发分享等，方便进一步能够和用户沟通，产生购买行为。

同时文案的写作和发送也需要考虑用户的阅读接收场景，如用户是刚醒来、地铁里、办公室里、洗手间、带孩子、睡觉前、吃午饭，对应着阅读习惯和文案的触发，写作方式都不一样。

正因如此，文案的结构设计非常关键，每一步的价值是让用户采取行动，争取到下一秒继续阅读也好，直接点击购买也好。在信息爆炸的时代，这一秒没有吸引下一秒就关闭了，所以结构要切分得非常精细，需要针对用户阅读场景和心理变化一段一段地设计。

一般好的文案有什么特点？

发现真实需求 + 建立关联（提供利益点）+ 触发行为。

最终都是要触发行为，表达是为购买服务的，常常看到很多刷屏的营销活动或者文案，但和品牌没有关联或者没有引导用户行为，其实我不觉得是好文案，反而是注意力的浪费。

以公众号文章为例，一篇公众号文章的阅读数主要取决于 2 个数字，一是打开率，二是转发率（图 2-10）：

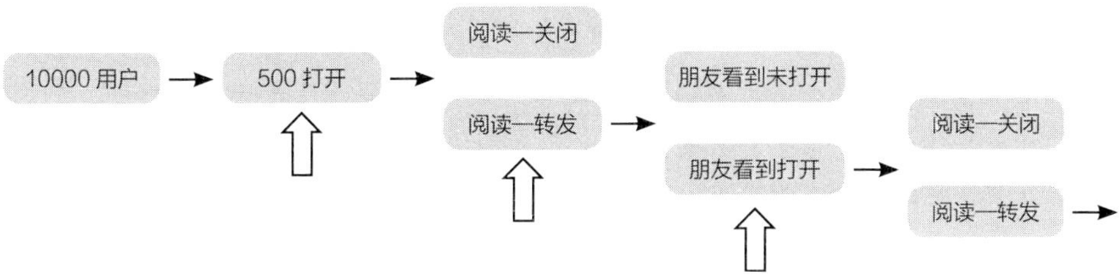

图 2-10　公众号内容的传播路径

当下关于公众号阅读数的现状：

（1）公众号文章的打开率普遍不高，电商类打开率不超过 3%，意味着 10 万粉丝的公众号如果文案在平均水平阅读数也只有 3000。现在阅读上万的公众号，粉丝基数普遍都不小。

（2）一篇文章的阅读量主要看首次打开率、阅读转发率和转发打开率，而打开率的直接影响因素就是标题。

（3）标题的价值和功能承载：需要吸引点击，让文章继续传播，而不只是阅读完关闭，点击和分享是核心。

打开率就是一个人在看到这个标题后，会不会被吸引去点击。

传播率就是一个人在看完文章后，愿不愿意去分享这个文章。

海报也是一样，在朋友圈看到海报的人，和看文章标题一样，平均点开的动作一般不超过 0.5 秒，这时候如果他对看到的信息不感兴趣，会马上关掉海报，跳出。

如果看到令他感兴趣的东西，一般会多看两眼，停留时间延长 3 秒左右。3 秒内会马上做出决断，要不要参加这个活动，买还是不买这个东西。然后他会再花 2 ~ 3 秒的时间去找海报上的其他辅助信息，来帮他做出决断。整个过程耗时 8 秒左右，一般不会超过 10 秒，每一秒都是挑战，整个过程全部取决于海报做得如何。如果海报很烂，即使拥有非常好的产品和活动价格，效果也会大打折扣。

所以，必须十分重视海报，必须在8秒内让用户采取行动。

其实今天用户在手机上做出的任何一个行为都带有一定的预期，阅读、打开是一场交易，是需求 + 利益点 + 承诺兑现。

我给你标题所承诺的东西，你把你的注意力和时间给我，文章抛出了“利益点”，勾住了你的需求，触发了你点开这篇文章的行为。

所以标题其实是对用户的承诺，用户的点击本质是一次“购买”行为，只是付出的成本是注意力。

今天人们其实不爱看文章，看抖音、玩游戏比看文字信息放松得多，为什么还愿意关注和打开一些公众号，无非是像批阅奏折一样，看看有哪些与自己相关且感兴趣的事。

一旦标题满足和我有关、对我有好处、之前没怎么见过，基本打开率是很高的。

旅游产品文章如何写出好标题呢?

（1）写标题前，先问3个问题

目标读者是谁、有什么需求、关心什么、感兴趣什么。

我的文章、产品有什么特别之处可以满足这些需求。

哪一点最能吸引读者，建立最开始的连接。

（2）草拟一个标题

先草拟一个初步的标题，要把最重要的利益点加进去，然后咨询周边的人，有没有兴趣阅读这样一篇文章。

（3）套路模板

收集各种经典的标题套路，仿照每个套路写出若干个标题。

（4）测试投票

先对标题做两个简单测试，然后再投票。

什么测试呢？很简单：一眼看懂和一口气读完。

不符合这两个标准的，全部砍掉，然后交给同事进行投票选择。

（5）复盘反馈

选好了标题不等于就结束了，在推送之后要收集相关数据，进行经验积累，如果数据表现良好就整理总结经验，标题不好就反思复盘，主要看打开、传播和行动。

（6）整理标题库

好的标题放进优秀标题库，烂的标题放进垃圾标题库，平时看到好的标题也可以记录下来，总结一下好在哪儿、什么原因、怎么沿用。

常常看到有很多旅行公司的公众号文章写得非常好，在朋友圈里有很多的分享转发，这种文章是如何做到的呢？我们首先要想想，人们为什么会转发？

你现在可以打开朋友圈，留意一下，人们愿意转发的内容是哪些？有哪些特点？为什么愿意转发？互联网上的转发都是社交货币，也就是转发是因为希望社交关系中有人看到。一般大概有这么7种社交货币，或者说转发理由。

（1）寻找谈资——给用户提供和别人聊天的谈资

一般分享到群或私信好友引发聊天，如八卦、行业新闻、热点事件。

（2）表达想法、情感需求、事情态度——帮助用户表达他们内心的想法，说出他想说的话，这一类朋友圈最常见，有共鸣（想说的话）

“不等了，2020我要去西藏！”

“突然，就想去安徽了。”

（3）帮助别人——为别人提供实用的价值和帮助（干货类）

“看完这篇你就了解华东入门级户外山峰有哪些。”

（4）塑造形象、自我表现——有利于用户在朋友圈炫耀、强化自己，对文章认同感（价值观类），体现自己的生活品位和阶级

“住过这家安缦，其他酒店我都不看。”

（5）社会比较、满足虚荣——让读者感觉他们的社会地位更高

“酒店控们都喜欢的3家酒店。”

（6）非常有趣、搞笑

“‘五一’去这里，人少景美不收费。”（点开是办公室）

（7）直接利益获得

转发获得一些直接得到的利益。

公众号文章里完成的交易是内容电商，区别于平台类型的搜索电商，交易环境封闭，不具有可比性。内容电商的优势在于有机会帮助用户建立认知，减少用户的思考过程，帮用户做出消费决策。

而文案就是洞察用户需求，勾起用户兴趣、建立消费认知、承接用户期待，最终完成交易的。

当人们愿意购买旅游产品时，还伴随美好的心情和对远方的期待，好的文案，就是帮我们勾住用户。

为什么有的产品让人将信将疑不愿多看和下单，而有的产品用户愿意多看，甚至参与评论和转发，购买后还非常信任觉得有面子。差别的背后是相同产品不同表达带来的巨大差距，所以说挖空心思想着把产品怎么卖给用户，不如把心思花在怎么让用户更方便地买。这种购买是让用户自己看懂、尽量无咨询地静默购买，从而降低企业的销售成本。

未来所有的旅行公司首先都应该是内容公司，既会生产内容，也会表达内容。旅行产品和服务天然需要表达，通过表达唤起用户想要去旅行的情绪以及对远方的向往。在流量越来越贵的今天，好不容易吸引到用户进入产品页面，却不能通过表达把用户留下来转化会是很大的流量浪费。如果一个产品的销量不佳，有可能是因为产品没有表达清楚或者没有帮助用户对产品价值的理解更到位一些。

2.5　传播设计——“10-5-50”传播裂变模型

一个产品的价值除了能够给企业带来利润，还有什么?

在前面产品设计的章节中提到，产品的价值除了赚钱还有连接用户，有些产品不仅可以挣钱，还可以通过产品为企业吸引到目标用户。另外有些产品是挣不到钱甚至亏钱的，主要用来做传播和“找用户”，对企业经营同样具有重要的意义，比如很多旅游企业每年都会做一些城市活动或者 Citywalk（城市夜跑、环城骑行、年度登高、24 城捡垃圾等），一场活动能够带来 5 万、10 万的传播量，拉来 5000 个新用户的关注。无论是品牌的传播价值还是用户拉新，都具有非常大的意义。

传播本身也是一种品牌和流量的思维方式，所以，产品的价值绝不仅仅是给企业带来利润。一款好的产品和服务，通过适当的传播设计，就可以让前期做产品时付出的努力效果最大化，但放大的前提还是好产品，只有好产品才值得放大和传播，设计的思维却是贯穿始终的。

旅游传播设计的 4 项实践

单反无人机：给用户拍照、视频

旅行途中人们天然爱分享，每天至少一个朋友圈是旅行时候的标配，那能不能更好地方便用户去传播呢?

携程主题游下面有个主题品类是“摄影旅拍”，这个品类近几年的成长速度非常快，一个非常大的原因是我们集体进入了图片、视频等信息交互的时代。旅行路上的人们天然爱拍照、爱分享，如果旅行途中有无人机拍下你在旅行中的美好时刻，单反相机记录下你在风景中的样子，在一天旅行结束时回到酒店，当天的旅行就剪好了视频、修好了图片放到团员群里，毫无疑问大家都会点开找自己，然后编辑发朋友圈数数多少人点赞。有的用户还会发在视频号、抖音、小红书上，都是很好的传播机会。

这是不是一个很好的传播行为？

你可以在视频结尾露出自己的logo和slogan，是不是针对目标用户一次很好的宣传机会？用户的朋友圈里都是目标用户，传播效果不亚于企业的宣传片，只是企业宣传片商业氛围太硬，用户不愿意点开，而这样的视频是在用户无防御、心理舒服的情绪下接受了“种草”和影响。

这种视频的片头片尾都可以提前做好，每次直接加进新的视频一条旅行Vlog就出来了，如视频最后是“××旅行，用心对待每一次出发”，用户的朋友看到可能会问这是哪家旅行公司，顺手关注了你的公众号，来自朋友的亲身体验和参与推荐的效果大于任何的广告推荐。

照片也可以打上下标，用户的每一次分享都是传播，按照每个用户旅行发3次朋友圈，每次让50人看到，计算一下一年里你可以接待多少名用户，就能知道如果不对用户的朋友圈加以利用，将会失去多大的传播机会。

话题标签：从口碑传播到口碑沉淀

用相机、无人机帮助用户留下美好素材是传播的第一步，素材有了，就需要将素材的效果最大化。

对很多企业来说，做到第一步的口碑传播已经非常不错了，但用户发的朋友圈只能一天内主动出现在用户朋友的朋友圈里，下次有新用户，还是不知道你的旅行到底怎么样，是否好玩，是否开心，怎么办？

可以鼓励用户将旅行照片发到马蜂窝、小红书、微博、朋友圈的时候带上固定的话题标签，如#趣谱旅行的美好瞬间#，话题标签的好处是可以累积这个话题下的所有素材。这样的一个动作可以将所有用户的所有美好瞬间都放进来，有新用户对你的产品还没有信任和了解的时候，把话题发给用户，在手机上打开就可以看到过往的旅行体验怎么样，大大提高用户的信任和放心。

视频号裂变传播

2020 年微信推出的视频号，极大地利用了微信的熟人社交和算法推荐，可以说是品牌和产品传播的最好工具。

前面的素材积累好以后，还可以通过企业的视频号发送到团友的微信群里，很容易激起团友的点赞和转发。转发后又会引起团友的朋友点赞，而在视频号里点赞就是转发，这是一条非常高效的传播路径。如果用户随手关注了你的视频号，等于获得了一个新用户关注的机会。

传播物料设计

除了上面说到的照片素材和互联网工具的使用可以方便传播，还需要设计一些让用户主动传播的点，如手写信、日历、照片影集。回程后的几天里或者岁末年终到了，给用户送上一封公司老板的手写感谢信、一点旅行当地的小礼品，下次旅行的 50 元优惠券，都是可以唤醒用户、引发传播的点。

中老年用户还可以制作一份当初旅行的照片影集，如果发朋友圈点赞可以免费获取等。

做团建的旅行公司都知道，团建产品一定要免费送一条横幅。几乎每个团建都会拍照，老板和员工在结束后也都会发朋友圈，这同样是非常好的宣传机会。有一家公司靠这个设计，每年都会获取很多新用户，尤其是一些大公司，如腾讯、阿里，一个部门去了，另一个部门看到了，最后一个事业部的都来了。

还有诸如打 Call、集赞赢礼，都是一些有趣好玩的传播设计，传播设计不是粗暴地让用户分享，要以用户舒服的方式，覆盖用户所在的圈层。用户愿意分享的背后都是基于理由，一般有趣好玩、活动创意、显示品味、表达善意的产品和活动都会获得很好的分享效果。一个旅行产品如果只是卖给一个用户，旅行结束你们就再也没有关系，就太可惜了。

带上传播设计的思维，在旅行当中同样也可以找到适合用户分享传播的点。

一条Citywalk的25个设计思考

2020年年末一家公司通过在行找到我，他们想从国内游转到本地游，希望对他们设计的Citywalk提些意见。我在看完他们提供的产品和介绍以后，非常困惑。找到这条线路的产品经理安排了一次电话会议，电话聊完以后，我深深地叹了口气，告诉他们老板，“你们还是不要做这个产品了”。

春节过后的第一天，这家公司又找到我，希望把Citywalk的产品逻辑和他们完整地分享一次。

以下为课程分享内容：

从2020年到今天旅游行业的很多公司都在谈Citywalk，但是很多公司其实没有理解做Citywalk的价值和目的，什么热门就讨论什么，什么流行就模仿什么，至于为什么要做、做到什么效果、关键要素有哪些都是不清晰的，导致的结果是什么？做出来的东西自己也不知道好不好、该围绕哪个方向去努力和提升。对长期经营有什么价值，我在看你们的线路时候也是一样，一团糟糕、毫无逻辑，关键是你们产品经理自己还挺满意，没觉得有问题。所以我告诉张总，你们还是不要做了，不如把精力花在其他的地方。

一条Citywalk的传播设计

Citywalk是近几年比较流行的一种产品形式，尤其是疫情后城市游、微旅行在需求端受到广泛欢迎，不少以前做出境和国内的旅行公司开始思考本地游。我一直挺喜欢Citywalk，喜欢Citywalk的文化、探索、分享和交流。

今天市面上Citywalk做得不错的旅行公司屈指可数，很多公司盲目尝试，没有理解Citywalk这种产品的本质和对企业经营的价值。接下来类似Citywalk城市短途旅行产品会成为新旅游经营公司的标配。

设计一条Citywalk产品需要思考哪些方面？

Citywalk是什么

Citywalk从字面上理解就是城市行走，而这一概念最早来源于英国伦敦，在那个充满历史文化的大城市里，人们用行走的概念体会自己的城市。

在今天也是一样，我们每天都生活的城市，其实并不知道关于城市的历史、文化、美食等背后的故事，熟悉的身边同样有值得停留的风景。

生活在北京、上海、广州、深圳一线城市的白领和上班族，尤其是这个城市的外来者，常规的生活轨迹就是出租房、地铁和公司，周末生活也没有太多打发的选择，他们大部分缺少认识新朋友的场景和机会。如果有10人小团聚集同龄人甚至是有共同话题的人（相同行业、相同爱好、相似年龄）一起去探索城市、步行聊天，也许可以度过一个不错的周末。同龄人的有效社交和“意外”相遇能够扩展思维，打发周末时光的同时，旅行当中遇到不同处境的同龄人，也是一件给自己增加“可能”并且有趣的事。

外出旅行来到另一个陌生城市也是一样。例如，每个人都会因为工作或其他的机会，短暂地来到一座城市停留一到两天，如你出差来到厦门、西安、重庆、苏州这样的城市，但你可能缺少深度了解和接触一个城市的解决方案，你要去搜、去找、去比较哪里好吃好住好玩，对时间稀缺的人来说，这点特别难。

如果可以将厦门好玩的地方、好吃的美食、接近城市自然人文的体验项目，设计成一个半天的城市旅行产品，和几个同龄人一起，在导游或领队的带领下去接近和了解厦门，高效地为用户提供了解和接近一个城市的解决方案，这样的体验相信不会差。我就好几次去厦门，但厦门留给我的印象就只有中山路、鼓浪屿、厦大，同样的地方还有北京、成都、天津、杭州、南京……可能去过很多次，但提到有多了解，似乎总差了点什么。

为什么要做Citywalk

前面我们提到做产品有两个主要目的和价值，除了给企业带来经营利润，另外的价值就是连接用户、和用户发生线下交互。前期企业通过线上流量的方式让用户知道了品牌，无论是沉淀在社群，还是公众号和私人号，最终都期望能够在未来发生付款和交易，但付款之前需要帮助用户建立对品牌的了解、熟悉和信任。Citywalk 就是一种将前期线上获取的新用户拉到线下增加了解的过程，信任是付费的前提，交互是交易的开始，Citywalk 提供了品牌和用户交互的新场景。

你可能常常看到不同公司的 Citywalk 定价是不一样的，有 199 元、99 元、49 元、19 元、9.9 元、1 元甚至免费，有的企业依靠 Citywalk 来赚钱或是筛选用户，有的企业依靠 Citywalk 来与用户发生交互和连接，有的企业依靠 Citywalk 增加人气和热闹，不同定价代表了做 Citywalk 目的的不同，其中最普遍的还是和用户“交个朋友”传播品牌和增加信任。

Citywalk 的另外一层价值是通过产品找用户，品牌和企业在过去往往找不到想要的目标用户。Citywalk 就是一个精准引流的产品工具，可以通过产品的有意设计来找到企业想要的潜在用户，不同用户的需求和兴趣点不同。用户在选择产品的时候是有考虑和决策的，选择这个产品的用户满足了用户的什么需求，让参加的人都是你想要的。如果在产品设计之初就把这些想到并考虑进去，通过 Citywalk 找到目标用户，价值就非常大了。

如果 Citywalk 的主要安排就是下班后徒步，吸引的用户基本是上班族和爱运动的人；如果 Citywalk 的主要安排是历史建筑讲解，吸引的用户基本是对历史感兴趣、学术背景较多的人，高校学生和老师比较多，我在上海参加过一场基于“二战”历史的 Citywalk 的 10 人中就有 2 个博士、5 个硕士；如果 Citywalk 安排的主要是网红点打卡和周末下午的城市摄影，吸引的用户大多是年轻女孩。

不同产品找到不同的用户，通过不同的运营方式和侧重在后期有不同的转化可能，这是 Citywalk 的另外一层价值。

异地游的 Citywalk 更像是行程产品设计的一部分，目的是增加旅行体验，也有传播品牌的价值，但这部分用户非常分散，难以量化到未来的转化效果中，这部分产品的定价可以留出企业需要的经营利润。

所以，Citywalk的主要价值有3种，一是给企业带来经营利润，二是异地游产品体验的一部分，三是本地游Citywalk的普遍价值是配合线上流量运营的一种用户运营手段。期望通过2小时的Citywalk让用户感受品牌、感受领队、感受团友，给参与的用户一段美好的城市旅行体验，期待行程结束有传播和未来转化。这部分定价可以很低，只需要做到基础的人群筛选，通过产品设计尽量保证参与的用户都是潜在的目标用户。

所以Citywalk不是产品是流量，只有正确理解了Citywalk的产品价值和主要目的才能有目标、有策略地做好产品设计和执行。

怎么做Citywalk产品设计

了解了Citywalk的主要价值，做产品设计就清晰了很多，基于前两层价值的产品设计在前面章节中已有介绍，下面主要介绍以交互和传播价值为目的的Citywalk产品设计。

（1）明确目的、量化目标

确认产品的主要价值和目的，想要通过Citywalk覆盖多少用户，一年里能走多少期，一年52周每周两次，每次10人，就可以覆盖1040个人，一款产品一年覆盖和影响1000个用户，如果1000个用户还能通过分享带来更大传播，长期积累价值是非常大的。

（2）素材收集、知识填充

收集城市和线路的背景素材和知识，历史的、故事的、建筑的、美食的，挖掘线路背后少有人知又耐人寻味的点，穿插进线路的设计和讲解中，有需要实地着重考察和挖掘的地方，做好标记。

（3）实地考察

在搜集素材对线路的背景知识有了了解的基础上，进行实地的考察确认，有些包括常规的合作，如一些网红店、美食店的合作确认。通常来说，线路都需要经过多次的考察走访，才可以达到相对熟悉。

（4）确认主题

确认线路的主题和脉络，是摄影、人文还是轻户外、社交等，不同主题的线路安排和体验期待都有不同。

（5）传播设计

传播设计环节是Citywalk产品线路设计的重点。

（6）确认SOP

Citywalk通常的时间是在2～4小时，这一段时间包含了用户集合、破冰、行走、拍照、停留分享、解散、到家问候等多种环节，每个环节用户的期待和需要交付的内容都有所不同。

还有集合点、全程的讲解词、停留点，出发前的天气预告和注意提醒，甚至用户保险的购买等，现场参与需要提供的物料都需要制作清单和SOP手册来给到现场执行的领队。

一款Citywalk设计出来是希望能够走很多期，但每期的执行人员往往是兼职领队，只有通过SOP做到颗粒度细致的执行标准才能保证用户体验能在平均线以上，只有标准化才能实现产品的规模化和体验的可复制。

（7）首发体验

线路设计好了，可以让一些朋友来做首发体验，提出一些修改意见，做产品的初步迭代。

（8）文案制作

线路设计好了，最后一步就是文案的写作和宣发，用户是通过文案来感受这款产品是否需要、适合，通常新旅游公司都有专门的文案制作团队，产品经理需要将主题和素材以及核心表达的利益点提供给内容团队。

（9）产品上线

经过以上的步骤，产品最终可以上线和对客。

怎么做Citywalk传播设计

（1）物料设计

诸如手环、徽章等物料可以在用户签到的时候发给用户，有助于增加体验的仪式感，代表马上进入新的状态了，物料一定要有设计感，物料设计得好，很多用户会自己拍照发朋友圈，是很好的传播途径。

比如，32号的手环上的宣传语是“发现世界的那一天”，这句话很有文艺范儿，也很适合发朋友圈，成为参加的用户当天发朋友圈的道具。

有些仪式感很强的活动还会提供线路说明、地图，在听音工具上还有无线耳机等。总之，活动开始之前提供的物料一定要有设计感，让用户的心理感受是好的，帮助用户进入状态。

（2）照片、小视频

一个好的领队要善于在行程途中为用户捕捉不错的照片，如果能够带着相机就更好了，及时将照片发到群里，方便用户发朋友圈。

（3）合影点

一条Citywalk路线至少要找到一个经典的合影点，帮用户拍好合影和录制视频，视频中还要组织用户一起喊品牌的口号，照片和视频中都有品牌的旗帜，这种视频发出来会非常的不错。

（4）尖叫时刻

大部分用户对9元参加的Citywalk期待感是不高的，如果能够超越用户的期待，会大大加深用户对品牌和这次活动的印象。如果只是平淡地走完2小时，便失去了Citywalk的主要目的。

Citywalk中必须找到一个让用户超出期待的地方，让用户忍不住拿出手机。我曾经设计过一款上海夜晚的徒步产品，行程结束，大家走到外滩欣赏外滩夜景的时候，领队会突然拿出一个西瓜，如果是夏天西瓜还是提前冰镇好的，并且切出花样。一般用户看到这样的场景会尖叫起来，外滩吃西瓜是别样少有的体验，且西瓜的花样切法不是常规能够看到的，超出了期待，几乎所有的用户都会拍照和发朋友圈。

（5）分享打Call

行程结束了还可以做什么呢，从产品功能的层面上还可以引导用户分享，但这依赖于自有的App或小程序功能支持，用户可以通过分享线路获得朋友的点赞、关注来获得免单或下次旅行的体验券。比如，分享链接新用户点进来关注公众号就可以获取免单，只要产品的体验好了，很多用户都会参与。

一个用户参加完Citywalk，分享了朋友圈，且下次带来了朋友，Citywalk的价值就实现了。

要给用户提供哪些获得和价值

Citywalk的价值是什么？用户为什么要参加？从我自己设计的线路和观察来看，很多用户是基于放松、获得新知识，还有基于交友、认识一群相似的人等各种原因参加。

前面的章节提到旅行体验的收获层次，可以是风景、自然、人文、历史、认知和新朋友，从Citywalk的体验期待出发，可以收获的有一段小故事、一个城市的新发现、一段走心的交流分享、一个网红点打卡、一次惊艳的美食体验、一段2小时的放松心情、一群相同价值观的新朋友……

体验上要有什么效果

大部分用户对2小时9元钱的体验期待都是不高的，Citywalk的目的就是放大这种期待差，从而留下好印象。如果用户参加你的Citywalk体验平淡地回家了，等于是产品设计和执行的失败，因为既不赚钱又没有获得一个用户反而失去了一个用户。

从营造体验期待差的这个角度说，Citywalk的定价不应该高，能够覆盖产品执行成本或者稍亏一点都是可以接受的。定价29元、39元每个用户也只能赚10元、20元钱，一年下来也没有多少。如果大方一点，让这部分用户后续最大化转化为长期用户，商业价值会更大，短期从直接成本上看会显示亏了，长期从用户价值上看是赚的，后面会介绍如何量化这种品牌和传播的效果。

如何衡量Citywalk的效果

我们知道Citywalk的目的是和用户发生交互、产生信任以积累长期价值，那这种效果如何量化地衡量呢？不应该只是一种感觉上有帮助，但实际效果无法说清楚，这不是新旅游的经营逻辑。

要很清楚地监测参加完Citywalk的用户未来3～6个月的转化和复购效果对比没有参加Citywalk的用户是否有差异。

用户下单时候有用户标识（UID），可以统计这部分用户的UID在参加完Citywalk以后是否有访问增加、互动频率加强、报名活动次数明显增多等明显特征。2020年我们拿出这部分数据对比，发现7—8月暑假参加Citywalk的用户在国庆报名国内游时，比未参加用户有较大的提升。这就从理论推导和实际验证两方面说明Citywalk对积累长期用户价值是有帮助的。

Citywalk延伸开来的产品有哪些

理解了Citywalk的价值目的和经营逻辑，应该可以联想到基于新旅游发散开来，本地游其实也可以尝试用很多的产品来和用户交朋友。亲子游家庭是旅游市场很受欢迎的用户，如何找到这部分用户并获取信任呢？

城市里的夏日夜游、植物手工、户外教练课堂，都是很好的引流型产品，因为来参加的都是这个城市经济能力很好的家庭，在上海这样的城市能够有房、结婚、支付孩子的教育成长，家庭年收入都不差，是旅游消费的主要人群，一款这样的产品一个夏天能够获取100个家庭，产品价值就非常大了。

基于Citywalk的价值目的和经营逻辑的产品设计还可以发散开来。

Citywalk的产品价值不只是停留在赚钱，而是融合了文化内涵、品牌传播、创意社交等的一款交互型产品，Citywalk设计和执行并不比长线容易，短时间内标准化地集中交付，还能支撑规模化的排期，考验的是设计思考和团队能力。

“10-5-50”传播裂变模型

如果用下面的传播裂变模型来解释旅行传播设计或者Citywalk的产品价值会更清晰一些。企业或品牌通过A、B、C、D不同的四款产品，这些产品的逻辑同样是连接和触达用户，通过产品的设计吸引企业想要的人。对这部分目标用户设计一定的转化路径和体验打造，每次的活动安排中会有一部分用户体验很好且愿意参与传播和宣传，再通过恰当、舒服的传播设计，实现10个用户参加，5个用户帮助传播，覆盖50个用户看到、了解、拉新的目的（图2-11）。

从传播设计的思考也可以看到，“新旅游”和“老旅游”在经营思路和运营方法上的巨大差异。

图2-11　传播裂变模型

2.6　用户运营——流量是 1 运营是 N

用户运营在互联网公司是被广泛讨论、提及和研究的一个商业行为，不少公司都有专门的用户运营岗位，如滴滴、腾讯、阿里都有用户运营专家。旅游行业的信息化和数字化能力一直以来都很弱，不少旅行公司没有自己的内网、IT 和开发，更谈不上运营了。已有的用户数据都存在 QQ、微信和 Excel 上，这是过去 20 年互联网对旅游行业的渗透和改变，即便今天的在线旅游企业，还只能普及 UV、PV 这样粗糙的行为数据指标，在用户运营的重视程度和精细化上对比电商和互联网行业，都有着很大的距离。

旅游行业的平均客单价相对零售行业一直处于领先水平，如果以今天 12.6 亿人没出过国，10 亿人没坐过飞机来看，旅行用户一定是今天企业最该关注和深度运营的高价值群体。但今天我们还只能看到对一个外卖、生鲜、出行用户的基于用户生命周期和消费行为的精细化运营，却对一个客单价动辄过万元的旅行用户熟视无睹。

旅游行业除了少数的资源型企业，旅游公司的经营基本是轻资产经营，数字化的用户运营能力将会是旅游公司最宝贵的资产和竞争力。

未来 10 年，互联网用户的增量竞争已经结束，粗放的经营方式和流量红利也几乎没有。基于旅游消费次数提频、旅游人群基数扩大、互联网对旅游的进一步渗透，旅游行业的用户运营将蕴藏着巨大的商业机会。以消费者为中心的精细化运营，也是新旅游企业的努力方向和必备能力。

面向未来的用户运营

为什么要进行用户的深度运营？可以从下面几个方面来理解。

移动互联网的发展走过了野蛮增长和流量红利的10年，在今天一个企业获取新用户的成本平均是维持一个老用户成本的5倍以上。在获客成本居高不下的形势下，所有的电商企业都知道应该对获取的流量足够珍惜，从用户细微的行为记录里抽象出具体的用户需求继而推荐恰好需要的产品和服务，是今天很多电商企业正在努力的方向。

相对关注用户基数和覆盖群体的增大，提高每个用户的贡献价值也许更有意义。

以旅游消费举例：

当一个用户连续7天3次看了同一条线路，停留时间和访问深度都足够就是没有下单，该不该干预？

当旅行社出现收团人数不满，发团会亏，不发团伤害用户体验和期待，怎么办？

或许可以从用户池里判断出“时间宽裕”且忠诚度较高的、符合条件的某类用户，针对性生成只能用于尾单线路的抵用券且规定使用时效，就可以把即将亏损的尾单送到“合适”的用户手里，同时降低硬损、不成团的成本。结合会员等级以“随机奖品”形式回馈给忠诚用户，且缩小尾单价格大面积传播给品牌带来的负面影响，可以针对性解决一些旅行行业目前正在面临的业务问题，但今天难在没有方法和工具，以及互动能力和意识。

旅游企业对用户运营的方式还是过度地关注流量，大家都把注意力放在流量的寻找上，没有重视找来的流量如何去用，商业价值才可以最大化。一部分对用户有经营意识的企业，开始知道把用户导到私人微信号上，不断地发朋友圈，用户运营也仅限于此。

今天的营销方式，只介入了用户生命周期最开始的部分，并没有贯穿用户和品牌交互的全部周期，导致获取用户后大量流失，拉来了流量能当即转化的快速转化，不能转化的继续流走了。这部分找来的“流量”在企业的流量池里过了一道水，每天都是新用户，大量寻找、大量流失，用完即走、一次结束，如来自 OTA 的订单。

流量运营和用户运营关系应该什么样?

流量运营是 1，用户运营是 N，流量运营是把用户招来，用户运营是把用户留住，并持续产生消费、复购和推荐。流量运营解决连接的问题，用户运营解决交易的问题。流量运营是首次，用户运营是持续多次。

在未来几年，可能很快，大数据的开放能力让精准的用户识别和行为跟踪成为可能，新媒体和私域流量工具的结合使得与用户的触达和互动成为可能，精准的用户行为跟踪和私域流量工具，可以实现全场景、全链路、全周期的用户运营。

谁才是你的有效用户

旅游企业想要做好用户运营，首先需要正确地找到有效用户。

今天的很多旅游企业，有流量、有生意，但不一定有用户，怎么定义有效用户？关注了公众号、注册过网站、加了微信、进了社群、参加过一场直播，这些算不算企业的有效用户？

这些问题都不好回答，不好回答的原因是企业在经营上没有定义“有效用户”。什么才是经营中的“有效用户”？对品牌和产品完成了基础认知，具有未来商业价值贡献的用户。比如，在完成关注了公众号、加了私人号和微信社群三项动作以后，或者参加完一场自己的线下活动，基本可以定义为自己的有效用户。

3 次触达绑定以后基本上可以在用户的认知里形成某个品类的优先选择，以及参加完一个活动对公司和品牌有了基本的认知和信任，而这些都有助于下一次直接转化为高客单价的未来贡献，这些可以定义为你经营中的有效用户。你的交易贡献都来自这部分真正有效的用户，剩下的都是“沉默的大多数”。

这样一来，公众号的粉丝其实不算有效用户，因为有人只是某个时候的随手关注甚至还没来得及了解你是谁，或者你是通过市场经费买来的增量用户，这里会有很多“伪新增用户”或者“假量”。

如果经营了一家门店、旅行公司、平台店铺、酒店民宿，每天都有生意，但我们有没有测算过自己到底有多少有效用户？

一个用户付款前的12次互动

获取一个用户，从初次认识到最终消费经历了哪些阶段？

大概是接触—认识—认知—信任—喜欢—推荐（图2-12）。

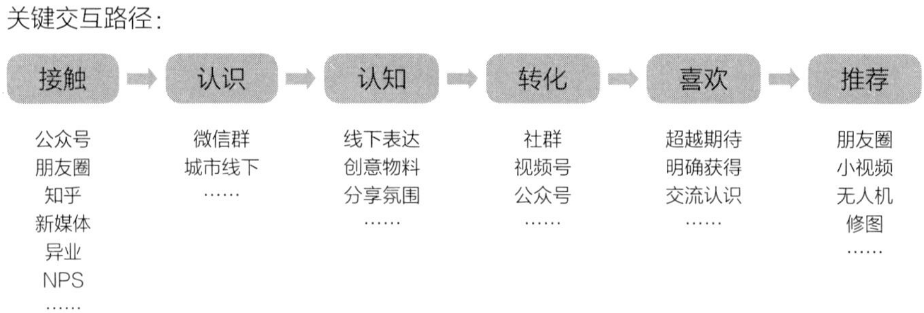

图2-12　让新客接受新品牌的六个阶段

具体来说最开始通过流量展现，品牌和产品获得了和用户初次接触的机会，如知乎、小红书、百度、公众号的一篇文章或广告，视频号、朋友圈的一次点击，这个时候用户开始听过、认识和了解到这个品牌和产品。但信息还是不对称的，用户不知道你的品牌、产品有什么价值、好在哪里，甚至不知道你具体是做什么的。企业和用户之间有了蛛丝一样的非常浅的连接，如果不进行恰当的运营和干预，这个连接很快就会断掉。

在有了简单的认识以后，用户开始对品牌和产品有了一定的认知，知道你是做旅行的，体验应该也还不错，但还没有形成记忆和消费时候的优先选择。这时候企业需要再度想办法触达和影响用户，不断地“沟通”，“看看我，我们真的还不错”，用户运营方法就发挥作用了。

比如，通过访问行为数据挖掘用户的兴趣需求，做到差别推荐和精准展现。

简单地理解，这个用户对西北有兴趣，想方设法让这个用户多看几次品牌的产品，类似今天的朋友圈发多了，总会吸引到感兴趣的人，但今天还没有精准识别哪些人有需求该发，哪些人无需求不该发，什么时候发，发什么内容最好。

还可以参加线下分享会、线上直播、线下活动，以及前面提到的 Citywalk 都是提高交互次数和增加了解、信任的方法。

交互是交易的开始，信任是付费的前提。通过不断的重复交互和持续“沟通”，用户对品牌、产品有了信任，终于开始付款了。

付款之前品牌和用户的持续“沟通”都是为了增加用户对品牌的信任，当建立的信任大于付款的情绪顾虑，确认付款按钮就轻松地触发了。

付款以后是真实体验，会和期待值对比，超过期待值用户会更加喜欢，信任加强。如果真实的体验小于期待，用户的积极性会降低，和品牌的关系会退回，信任账户减少。所以新旅游的企业要做到稳定的体验交付，一以贯之地做好品牌，珍惜信任。

再往后是用户的推荐。这是一个旅行用户和旅行品牌接触的完整链路，也是比较理想的和目标用户建立互动的过程。通过用户交互路径可以看到品牌是需要和用户持续地沟通来建立了解和信任的。

一家旅行公司怎样获得一个付款用户呢?

可能经历了与用户的 12 次互动，小红书—公众号—私人号—微信群—朋友圈—公众号内容—线下活动直播—客服—优惠券 / 短信—分享会—付款，遍布在用户和品牌关系建立的全生命周期中（表 2-4）。

一个用户对一个商品从第一次听说到开始关注，然后产生初次消费，一般需要很多次的重复沟通和互动。这个互动有很多，文案、广告、客服、线下活动等都是用来帮助用户对你建立了解的过程。而从初次接触到首次下单到多次复购，是需要对用户的触点和体验地图做一些交互设计的，日日不断，重复影响，最终才能带来交易。

一次互动就是一次流量，持续的互动最终转化为实际的成交。

今天的很多企业在中间的环节不断地漏掉，导致大量的用户价值浪费。

用户交互路径对企业用户运营的另一个启发是，终于发现，企业面对的不同用户和企业的关系是不同的，用户处在和品牌、产品交互的不同阶段，不同的用户在不同的阶段需要有针对性的运营和沟通，不应该是无差别地营销、推送和广告，不仅效率低，还对用户有伤害和打扰。

表2-4　一个用户的12次互动

	互动场景	互动方式	交互阶段
第1次	小红书	内容	接触
第2次	公众号	关注	
第3次	私人号	首次聊天	认识
第4次	微信群	用户互动	
第5次	朋友圈	产品信息	
第6次	公众号内容	活动信息	认知
第7次	线下活动	Citywalk	
第8次	直播	分享	
第9次	客服	咨询	
第10次	优惠券/短信	优惠提醒	转化
第11次	分享会	信任加强	
第12次	付款	信任建立	

用户运营的3项底层能力

用户运营在今天的旅游行业还没有太多体系的方法论和经验，结合我的理解和操作的案例，大概的逻辑会在这几个方面：用户分层、数据建模和标签、用户成长和激励体系。

用户分层

用户分层是精细化运营的第一步，通过数据埋点和用户行为的记录给不同的用户分类、标签、建模，从而区分不同用户在不同阶段、不同场景、不同行为组合下体现的不同需求。从这个角度来看，用户不是我们理解的自然人而是需求的万千组合，用户的特点千差万别，对品牌有着不同的认知和消费场景，只有区分不同用户在不同阶段、不同场景、不同行为组合下体现的不同需求，才能实现不同需求的差别满足和个性推荐，从而实现精准营销和企业运营效率的提高。

从另一个角度来看，每天访问或购买的用户池中，不同用户对企业的意义和价值，都不一样（图 2-13）。

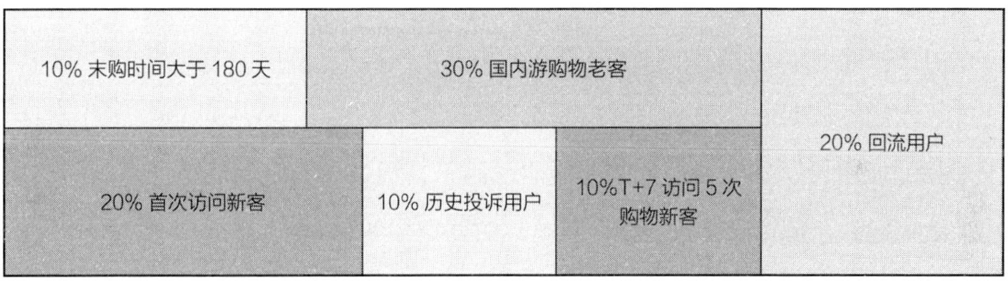

图 2-13　全量用户的分层运营

数据建模和标签

对用户建模和标签是深度运营的前置条件，对用户身份和行为特征属性的记录，并对这些特征分析统计挖掘潜在价值信息，从而抽象出一个用户的信息全貌，针对不同的需求模型主动给予恰当、需要的服务。

你对用户打的标签越多越详细，用于用户分析的依据就越多，就能更有针对性地给出解决方案。

在外卖、打车等消费高频的互联网行业，通过不同用户的行为数据抽象成无数个用户标签，如学生类型、商旅用户、单身女性、单身男性有车、家庭用户需要接小孩……不同场景下的价格敏感型、企业用户……庞大的数据体系可以支持给用户的每一次推荐、发放的每一张券都有针对性。

用户身份数据：

如性别、年龄、社会身份、教育程度、所在行业、地址、设备终端，这些维度体现用户是谁。

用户行为数据：

访问频率、停留时长、访问深度、是否主动领券、是否有订单评价、喜欢看哪类产品、最近半年购买次数、最近半年访问次数、访问时段，这些维度记录用户做了什么，体现出可能存在的需求。

用户消费数据：

最近半年购买金额、购买品类、客单价、上一次购买的时间、和谁一起旅行，根据消费数据推测出用户的消费喜好并预测下一次消费行为。

用户偏好数据：

指促使用户发生消费行为的关键驱动因子，通过内容驱动还是优惠驱动该用户的消费行为，是“价格敏感型”还是“时间宽裕型”。

用户分类数据：

用户分类主要是根据用户的生命周期以及用户对企业的认知与关系做区分，不同用户对品牌的理解和熟悉程度不一样。主要分类依据为新老客，又可以细分为注册新老用户、访问新老用户、购物新老用户，从市场角度看注册新老用户、从流量角度看访问新老用户、从销售角度看购物新老用户，我们拿到的流量数据只有“拆”到最细的颗粒度来看，才能真正发现问题。

用户数据建模和标签化是个不断丰富的动态过程，客服在和用户沟通中，也可以根据沟通反馈不断给用户打上新的标签和特征。

每个用户和企业的关系也在不断变化，有的更加熟悉和深度，有的逐渐流失，通过对用户行为不断地记录、抽象成需求标签，建立起用户需求模型以后，把一个个不可理解的自然人，抽象成无数个需求组合，针对不同的需求组合推送并提供正好需要的服务，真正实现信息和产品对用户需求的高效匹配。

用户成长和激励体系

用户成长体系和激励体系本身是一件事，本质是企业希望用更好的服务和权益来换得用户未来期间的更多消费，对相对低频的旅行行业来说，越简单、越实用就越好，一旦复杂到用户想不起、留不住就失去了会员体系的本来目的。没有人在意的 L1 到 L5，对用户和企业都没有意义，通过会员规则的点击埋点就可以看到用户的关注比率实际有多少。

如何量化用户的成长体系以及对应的等级权益如何分配，既能达到真正给用户带来可感知的实际价值，又能为企业提高留存和复购，是一件很有挑战的事情。

比如，旅行用户的常见行为有登录、签到、分享、阅读、邀请、评论、点赞、访问时长、购买和推荐，对用户的每项行为进行分值权重（实际量化会因为各种情况更加复杂），得出一个用户的总分值从而对应到用户的会员等级，继而给到不同的权益，如线路红包、线下分享会抵用券、旅行周边积分商城、周边小礼品。

具体来说，用户标签权重 = 行为类型权重 × 时间衰减 × 用户行为次数 × TF-IDF 计算标签权重。

行为类型权重：用户浏览、搜索、收藏、下单、购买等不同行为对用户而言有着不同的操作成本，一般而言操作复杂度越高的行为权重越大，用户对企业的认知也更深刻和熟悉。

时间衰减：用户某些行为受时间影响不断减弱，行为时间距现在越远，该行为对用户和企业当前来说的意义越小，如半年前的一次访问和上周的一次访问。

行为次数：用户标签权重按天统计，用户某天与该标签产生的行为次数越多，该标签对用户的影响越大，每天分享的次数更多，邀请成功次数更多，购买的次数更多。

会员权益兑现的技巧是惠而不贵，对用户来说很有价值，对企业来说边际成本很低，如免费的 Citywalk、旅行线路 100 元抵用券（获得增量的代价只是赚取的毛利减少）、航空公司的升舱、酒店的免费升级房型都是这个道理。

用户运营的价值衡量

如何看待用户和企业的关系？

今天的很多公司是通过旅行产品的满意度打分，对行程中的体验值做不同维度的拆分，然后逐项加权综合，如餐食、安排、领队、服务等。这样的打分体系能够衡量单次服务的体验水平，但具有一定的滞后性，用户和品牌的关系、下次是否选择和推荐是无法知道的。

从另一个角度来说，满意度是消极的被动指标，也有一定的局限性（比如，用户填写方式和场景），只能找出问题及时修正。满意度的价值是为了完成质量监控、达到及格线，企业追求更高的用户价值维护不能满足于单一的满意度，还可以通过净推荐值 NPS 和心理承诺。

净推荐值 NPS，请用户回答“在多大程度上你愿意向你的朋友（亲人、同事……）推荐我们的产品？”（0～10 分，10 分表示非常愿意，0 分表示非常不愿意），根据用户的推荐意愿，将用户分为三类：推荐者、被动者、贬损者。推荐者与贬损者是对企业实际的产品口碑有影响的用户，这两部分用户在用户总数中所占百分比之差，就是净推荐值（Net Promoter Score，NPS）。

非常愿意 —— 非常不愿意

10 分	9 分	8 分	7 分	6 分	5 分	4 分	3 分	2 分	1 分
推荐者		被动者		贬损者					

NPS = 推荐者 % - 贬损者 %

推荐者（Promoter）：具有狂热忠诚度，反复光顾，会向朋友推荐。

被动者（Passives）：总体满意但不忠诚，容易转向竞争对手。

贬损者（Detractors）：使用不满意、不忠诚，不断抱怨或投诉。

净推荐值（NPS）=（推荐者数/总样本数）×100%－（贬损者数/总样本数）×100%

NPS询问的是意愿而不是情感，对用户来说更容易回答，这个指标更为直观，不仅直接反映了客户对企业的忠诚度和购买意愿，而且在一定程度上可以看到企业当前和未来一段时间的发展趋势和持续盈利能力。

净推荐值反映了用户在预订旅行产品时候的满意程度和未来一段时间内是否继续复购的可能性，万一出现新的更好选择，用户是否离开也不知道。除了净推荐值外，还可以看心理承诺，心理承诺是看用户未来是否有可能离开或考虑离开的衡量指标。

用户是否对你们的品牌故事足够了解？是否对价值观足够认同？用户是否对你们的客服、领队关系足够熟悉？如果买不到你们的旅行产品，用户会失落吗？用户关注其他旅行品牌和预订选择吗？其他品牌对用户有吸引力吗？

如果用户对前5个问题的回答为“是”，最后一个问题为“否”，就是一位具有“心理承诺”的用户，心理承诺用户除以服务的总用户数就是心理承诺率，心理承诺率很低的旅行企业尽管满意度指标很高但仍然预测不了一个用户未来的预订行为。

有时候别人的销量高不是因为产品服务比你好，而是别人的互动比你多，每一次的互动都有价值，用户运营就是建立全场景、全链路、全周期的差别运营，通过高黏性、有温度的持续互动，帮助用户实现对品牌的了解、认识和信任。

生意不只是流量灌来的，而是一次次的互动来的，用户忠诚不是期待来的，而是精细化运营来的。

今天旅游行业还有个明显的现象是企业经营不注重复购，没有建立用户资产的意识，如果你做了很多年的旅游，你真的缺流量和用户吗？过往服务的用户都留下来了吗？其实大家缺的不是用户，缺的是充分有效的互动，生意都是一次次的互动和运营出来的。

未来10年，旅游企业不会只看访问量这样的表面指标，要看全周期的用户行为记录深入指标和用户体验各个层次的指标，不会只看UV/PV粗放的结果指标，要看用户行为记录的桑基图以及每个层级下的交互行为和指标反馈。通过完整准确地记录用户在线上的每个行为，并且通过数据挖掘背后潜在的消费机会，实现颗粒度精细化到每个用户的全周期的数字化运营。

从粗放的流量运营模式过渡到精细化的用户全生命、全周期的运营模式，是商业交易效率不断提高的过程，也是旅游营销持续向前的进化趋势。过去20年在线旅游的发展，美团、飞猪、携程、同程让“旅”的竞争已经结束了。但新冠肺炎疫情之后，“游”的竞争才刚刚开始，度假市场是非标市场，仅仅依靠流量是不够的，还需要有温度的服务和交互，对小企业来说，对有限的用户做到珍惜、重视和精细化运营，是面对大平台竞争的最优路径。

2.7　数字能力——从消费互联网到产业互联网

在本书的第一章有提到技术发展对未来旅游发展的改变和影响，其中很重要的一块就是数字能力的提升。数字能力不是旅游互联网的专属，而是未来互联网电商的标配，随着海量数据的捕捉、存储、计算和分析能力的不断成熟，未来的旅游行业会进入智能化时代，主要体现在用户端的智能营销和企业端的产业互联网。

作为用户，你有没有常常感觉被一些旅游广告打扰？作为企业，你有没有觉得有些营销信息发给了不精准的人，而更有需求的用户其实没有捕捉到？你找不到用户，用户不知道你，这是今天旅游行业营销的现状。

除此之外，在企业营销层面，你只知道用户购买了，不知道购买之前经历了什么，因什么而购买，因什么而不购买。对流失的这部分用户，有哪些原因需要做针对性的优化提升。

企业不知道哪些用户已经被触达，被触达过多少次，通过什么内容在什么时间，用户的反馈如何，缺少完整的营销体系和数字链路，缺少直观、具体的反馈数据。

企业面对的每一个流量，他们是谁，为什么来，为什么走，来做了什么？

有统计意识的企业可能知道今年经营了多少已购用户，购了几次，下次可能消费什么，多少流失，为什么流失，这些都不知道。

企业每天面对 2000 个 UV、10 万的关注粉丝，但不知道他们和品牌、产品的关系是怎样，哪些浅，哪些深，哪些有兴趣，哪些无需求。

今天来看旅游行业的信息化对比电商是比较弱的，整体的运营能力和颗粒度也是弱于电商的，现有的企业在经营层面拿到的数据还太粗糙。导致很多流量的商业价值利用不充分，甚至携程的营销经理拿到经营数据也是 GMV、UV、转化率这样的结果指标，更细化的用户行为指标和需求分析，都看不到。

在过去和今天，营销的精细化当然不是不愿意做，而是没有能力做。缺少基本工具和方法，没有能力跟踪，没有能力记录，没有能力定制化触达，更没有能力建立立体的用户画像和用户资产。

中国旅游互联网的发展长期落后于电商和消费互联网，在线旅游的头部企业对比滴滴、阿里、京东等互联网科技公司，数据能力仍有较大的差距。电商行业成熟的精细化运营过渡到旅行行业至少需要3年，头部企业如此，更不用说今天的很多旅行公司还没有自己的网站和ERP。

数字时代的旅游智能营销

为什么以前不可以，下个10年成为必然呢?

未来10年技术的进步和迭代速度可能超过过去的很多年，计算能力、数据存储、洞察分析成为互联网电商的基础设施和普遍能力，真正实现每个经营个体的营销赋能和数据赋能，让经营更有效率，从瞄不准到精准，从粗糙到精细。

具体来说：

精准记录

大数据的开放能力让精准的用户识别和行为跟踪成为可能，可以实现全场景、全链路、全周期的智能营销。

用户知晓阶段：通过对曝光、点击、浏览、退出的数据分析判断，用户对品牌、对产品了解到了什么阶段，是否有需求，该不该触达、在什么时间以什么样的方式触达，拿到行为反馈数据进一步判断需求，从而进行精细化运营。

留下兴趣阶段：用户的浏览、停留、收藏、咨询行为都表达了自己对产品的兴趣，通过记录访问行为的上下滑动、反复查看、浏览时长、访问深度可以判断出对哪些信息和产品更为关注。

消费行为阶段：初次购买行为的及时记录和标签认定，判断从认知到购买的营销效果和优化建议（图2-14）。

忠诚用户阶段：多次访问、点赞、分享、评论、复购识别出用户的价值分类和差别运营。

图 2-14　投放渠道全链路监测（神策数据）

我们做个有意思的比方和测试，如果朋友圈某个状态让某个分组的人看，如果还能告诉你，用户到底看没看，如果看了，看了几秒，点了哪个，用户看到的都是你想让用户看到的，是不是很智能？

类似的例子还有很多，新旅游企业大多以公众号和社群来做用户交互工具，一场拉新带来 5000 人，绝大多数企业还无法区分 5000 人里面的渠道细分，哪些来自朋友圈、哪些来自 A 海报、哪些来自 B 文章。今天这些能力在互联网行业已经拥有，但只有极少数的旅游公司具备这样的数字经营能力。

每天的网站访问渠道结构是怎样，分别是怎样的占比，人群是哪些，因为什么触发了访问……

互联网可以实现让用户在线上的每一个行为都是可见的，比如你发的朋友圈，如果能够有个功能告诉你，这个广告你的朋友里谁去看了、点了几下、看了几秒、有没有收藏，对你的销售是不是更有针对性？其实这个能力在今天也是有的，只是受制于计算能力和运营成本，在今天这个阶段还没有开放给所有人（图 2-15）。

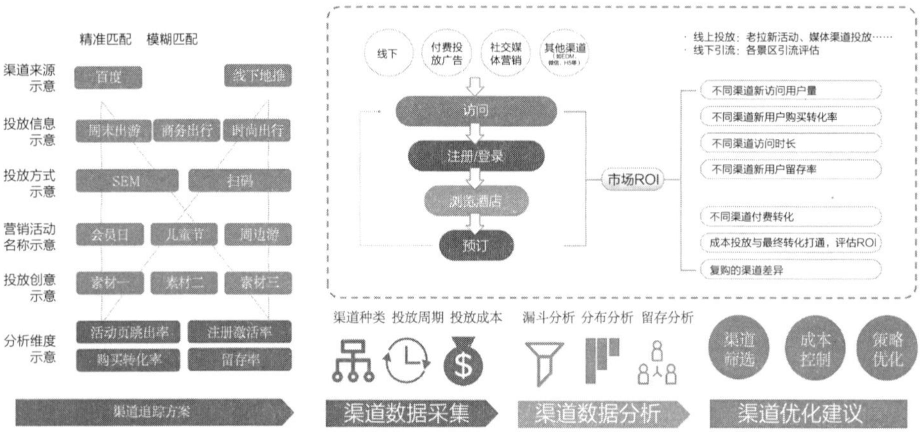

图 2-15　不同渠道的投放质量（神策数据）

记录用户在页面的一切访问行为在未来会成为可能。

以上可以看出每个阶段的用户要做的针对性营销是不相同的，企业想要做到针对性、颗粒度更细的运营首先必须有记录工具和计算能力（图 2-16）。

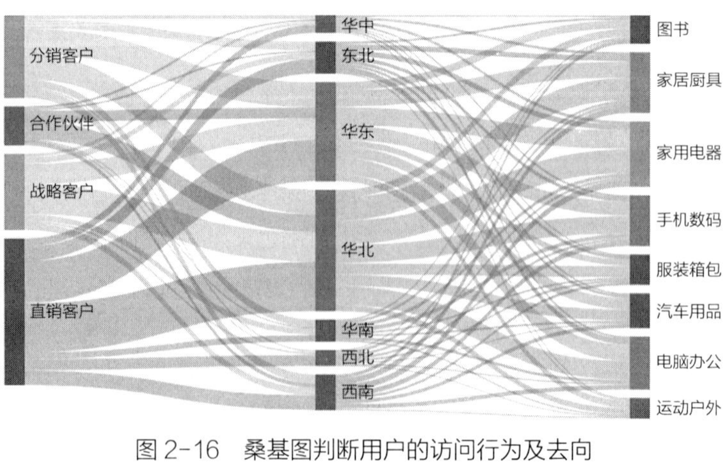

图 2-16　桑基图判断用户的访问行为及去向

智能计算

互联网时代企业面对用户是隔着网络的，在线上看到的只是一个个 UV，但 UV 的背后都是人，准确地说是场景下的需求和情绪的综合体。用户访问行为代表了用户的态度和兴趣，企业不需要去打扰不该营销的人，也绝不错过一个合适的人。对用户行为记录以后的分析、计算和挖掘，进而给出计算结果和营销建议，将营销的颗粒度实现从用户群体到用户个体，在数字能力具备的基础上，甚至还可以定制化地针对个体做互动营销和推荐。

数字时代，企业不仅要有用户，还需要看到用户背后的需求，建立用户画像、需求分析、喜好了解、消费预测。这一切都需要依靠强大的数据计算能力，用户是立体且复杂的，数据会比我们更懂用户（图 2-17）。

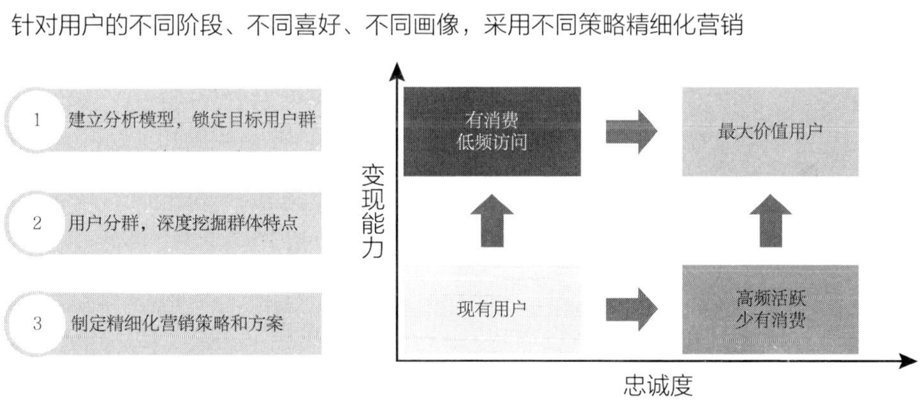

图 2-17　用户精细化运营

今天旅游行业存在的营销困境是旅游消费太低频了，拿到的数据太少，难以分析和预测。即便是头部的旅游企业携程、同程，仅凭几张门票、机票、酒店的消费数据，也难以分析出一个立体的用户需求。区别于打车、外卖、电商购物等高频消费场景，旅游企业拿不到关于用户的足够数据，也就难以记录和分析。

在互联网世界里用户就像是一天到晚游泳的鱼，用户在网络上的行为，不是只发生在一个场所和交互里，也不只表达给一个企业，而是遍布了用户的社交、娱乐、资讯、购物的各种场景。如果一个人的抖音、微信、头条、淘宝的行为数据都打通，企业理解一个人就会更准确，更能分析 UV 的背后需求是什么，而旅行决策的行前，几乎都有搜索、查询行为。从这个角度来说，旅游的智能营销商业前景很大，所以马蜂窝和小红书为什么不可以是一家旅游营销公司呢？

销量预测

旅游的淡旺季很明显，带来了峰值交付的难题，旺季的时候资源紧张，总想提前控资源、控房、买断机票，但资源的重投入也会带来销售的巨大压力，同时旺季时候服务能力的提前储备也很重要，车辆、导游、领队等服务人员，如何做到精准的流量预测特别重要。

2020 年的清明节，黄山景区出现了连续几天的排队拥挤、景区限流，游客来到景区门口被告知今天限流，无法进入景区，在网络上引起巨大争议。如果具备了流量预测的能力，用户在出发前和路途上就可以得知景区已经限流，从而改变行程，不至于来到景区售票口才得知被限流，这也说明了现阶段的数据预测能力还不够。

从企业的角度来说，如果有了自己的预测系统，这个系统是基于数据建模不能是主观判断，细分到渠道、个体，时间精确到分钟、秒，就可以把未来几天的销售数据预测的八九不离十，让运营变得可控。

总结一下旅游消费的智能营销：从用户和品牌的第一次接触，无论是搜寻还是社群和内容吸引到的“相见”到后续在线上的每一次互动，都能实现清晰、完整、准确地行为记录和深度分析。了解每个用户和品牌关系交互的阶段，清晰地给出营销建议和运营策略，实现从用户群体到用户个体的定制化营销，从而提高旅游企业的经营效率。不浪费、不打扰、不错过，即不浪费营销机会、不打扰无需求的用户、不错过即将付费的人。

过去是一次销售，不相往来，现在游客从哪里来、做了什么、到哪里去，都有记录。下一个 10 年，需要持续运营、持续交互的思维，没有强大的数据分析团队和能力，再多流量都是浪费。

无限可能的旅游产业互联网

上面提到的是用户端，旅游行业的企业端信息化程度更是薄弱，旅游行业大多数的公司没有自己的 IT、网络、内部系统和数据存储，导致数据无法有效记录和互动、信息孤立无法流动，经营效率十分低下，大部分企业还在依靠手填单、Excel 来做信息传递和确认。

如果看中国的旅游互联网，在过去 20 年里走过的是第一、第二阶段，互联网对旅游行业的改造更多的是在价值传递，解决如何去卖的问题，也就是从线下到线上的渠道迁移和 OTA 的不断崛起，仍然处在一个比较浅的供需连接，全球范围内的很多旅游供应商、目的地资源还没有完全联网，背后的产业互联网依然孤立和离线，目的地还在依靠低效率的人工操作和个人经验实现资源调配和用户服务。

按照智能商业和产业互联网的发展周期来看，往后应该会是什么样呢？

是在线、连接和互动，这是从旅游消费互联网到旅游产业互联网的机会。

举例来说，前面提到的数字时代智能营销，确实值得期待，但让所有公司都具备这套基础布置和数据能力还是有些吃力的，这里面一定存在能够提供整套解决方案的机构和商业公司，他们需要既懂互联网，又懂旅游产业。

另外，旅游行业的长期获客有不少来自外部的渠道，如 OTA，每个小企业与 OTA 的数据打通和对接，对外部渠道来的这部分流量，以及这部分用户的持续运营，拥有对接能力的企业在今天也不多。

数据孤立、无行为追踪记录能力、渠道割裂、效率低下是今天旅游行业 B 端很多企业的现状。

未来整个商业的基本特征是更智能、更效率和万物联网，如果旅行行业 B 端大量的业务流程没有联网和数据化，这是不可行的。从这个角度来看，旅游产业互联网在未来几年拥有很好的发展机会。

未来 10 年，每个旅游企业都应该有和用户交互的界面，实现随时触达和找到用户—后端完善的承接服务—再次互动和维护—品牌信任的长期关系，将拥有的流量沉淀、利用和盘活，将目前旅游行业离线的 B 端流程、企业信息、客户关系资金流动做在线连接，同样具有巨大的商业价值。

可以发现，旅游行业大多数的公司没有自己的 IT、网络、内部系统和数据存储，即便是今天头部的互联网旅游企业，日常运营也还只是 UV、PV 层面的数据收集。下个 10 年，大数据让精准的用户识别和跟踪不再遥远，新媒体多种工具让和用户反复交互成为可能，旅游企业在数据的收集、记录、挖掘和分析上，还有很大的商业空间。

这些都是旅游产业互联网在未来 10 年的空间和机会。

2.8　品牌IP化——有品牌的贵一些

为什么下个10年旅游企业需要品牌?

品牌在很多消费品行业当中是企业宝贵的经营资产，尤其是在高客单价、重决策的消费品中，如电器、汽车、奢侈品等。

有品牌的企业和产品可以快速拉近和用户的沟通距离，增加亲近感和信任度，在今天的商业世界中，无论是个人还是企业，有品牌的都会贵一些。立体地展现品牌价值和故事，了解品牌理念和产品特点，也成为企业跟用户沟通的一项必备能力。

旅游行业竞争的3个阶段

看近几十年中国旅游的发展大概经历了几个竞争阶段，红利期、转型期和新时期。

在旅游发展早期的时候，无论是线下旅游的黄金时代，还是线上旅游的一路高歌，都是旅游发展的红利期。不少企业在这个阶段“轻松”地赚到了钱，这个阶段的竞争围绕流量、渠道，严重依赖销售。

从2018年开始到2021年，以及未来的1~2年，中国旅游的发展进入转型期，这个阶段的旅游已经不如以前好做了。很多在红利期发展得很好的旅游企业和经营模式在转型期出现不适应，渠道成本不断提高，每个产业链条上获取的毛利出现下滑，加上资金沉淀等成本，旅游几乎进入微利行业。这个阶段的竞争开始围绕产品，今天我们正处在转型期，旅游行业的经营者除了讨论流量也开始讨论起产品，没有好的产品很难吸引今天的用户。

未来中国旅游的发展进入一个什么样的时期，很难定义。但在休闲度假的细分市场来说，竞争将更多地围绕品牌和效率，没有品牌的企业在面临用户选择和决策时将会大大提升决策难度和成本。在经营效率上，要求企业有运营能力持续吸引新客户、有方法从公域中精准获取新客户、有全套的经营工具支撑精细化运营好老客户，实现从资源到产品、从流量到用户、从数字到数据的完整经营闭环。

对于产品、品牌、经营效率的重视和经营应对也是本书反复强调的重点。

红利期	转型期	新时期
流量、渠道竞争	产品竞争	品牌、效率竞争

为什么旅行决策会高度依赖品牌呢？旅游消费区别于其他消费，在消费属性上有很多特殊的地方。

旅游消费决策的 5 个特点

决策难度大

很多用户对一个目的地是比较陌生的，去法国、去马尔代夫、去中国的大西北，“不知道怎么玩”，一个用户从不知道怎么玩到知道怎么玩的研究过程需要花费很多的时间。

用户除了“不知道怎么玩”还“不知道怎么选”。面对海量的产品，用户的选择非常费力，对于今天的新中产、老年人、时间成本较高的人来说，选择都是一件痛苦的事。

营销和购买分离

从看到—知道—买到，低频高客单价的决策周期一般比较长。正是因为决策困难，旅行消费的决策周期都比较长，如一个家庭决定出境游，往往年初的时候就开始计划时间、金钱和家人的假期了。

购买和体验分离

付费和体验中间有时间差，付费以后没有即得感，付费顾虑增加，决策和判断难度大，黄金周出行和长假期旅行用户一般都会提前购买，每年的暑假和春节旺季一般都会在5—6月和12月就开始预订。

决策成本高

这个决策成本在于金钱成本、时间成本、体验成本……各种成本的叠加。

用户购买成本＝金钱成本＋交易成本（时间成本、认知成本、搜索成本、决策成本、沟通成本、信任成本……）。

体验不可逆

决策失败的体验无法弥补，一旦选择安排一次重要的旅行，体验一旦不好，不会再重游一次，即使重游，当时旅行的美好心情也没有了。

所以用户在选择旅行产品时是非常困难的，旅游企业的经营就是要不断地降低用户面对自己品牌和产品时的决策难度，这是为用户降低成本、节省时间，也为企业降低营销推广成本和售前成本。

构建旅游品牌面临的挑战

今天的旅游行业能够真正构成用户信任的品牌其实不多，大概有这么几点原因：

（1）品牌缺少明确定位

真正有辨识度的消费品牌离不开明确的定位和主动地用户选择。今天的国内旅行公司往往做的是“全部人的生意”，携程、途牛、飞猪、同程如此，更小的旅行公司更是能做“全部人全球出发的旅行方案”，“只要你想去，我都能做”，转身就在另一个群里，“谁家有这个行程”，在用户覆盖上高度重合。没有差异、没有特色，给到用户的价值只是多了一个选择。

定位决定地位，定位决定取舍。有选择地做某部分人的生意，或许是品牌认知的开始。

（2）产品同质无创新

旅行产品创新弱，产品同质化，产品创新难度高是目的地旅游产品的普遍现状。一到夏天和旺季，朋友圈里全是青海湖、西北、云南的产品线路和海报，但是真正的产品差异化非常少。这是目的地属性和资源条件共同决定的，相同资源、相同产品、相同地接、相同玩法，创新有限、执行很难，你提供的产品大家也都在提供，难以形成落地上的产品差异。在旺季别说差异化，地接资源可能都是不够的。但旅行的差异化不能只是靠售前，脱离产品本身建立的品牌差异是无法持续的，品牌感的建立包含了用户和企业接触的全部触点。

（3）服务无显著差异

在今天，如果你以接近的价格在不同旅行公司预订产品线路，很难体会到不同公司服务上的明显不同和说得清楚的实际差异。如果抛开硬件提升，在旅行服务链条上有价值的服务发挥空间同样有限，更好的服务并不只是体现在态度更好，而是在全流程中做更多实际且用户需要的事情。比起态度足够好，用户需要的是恰到好处和感受真诚。

每个提供服务的人都愿意相信自己的产品和服务是高品质、高标准的，但对用户是说不清楚的。

所有的品牌都建立在定位、产品和服务差异化的价值感之上，来给选择的用户明确的信任，从而带来选择确定，降低交易中的售前沟通和说服成本。

定位和用户选择相同、产品和服务没有说得清楚的实际差异是旅行消费行业缺少品牌的主要原因。

（4）峰值交付和稳定交付难保证

区别于标品的订单流转，旅行产品的销售往往是服务的开始。

旅游行业产业分工按照价值贡献分为零售商和资源商两个角色，面对用户承诺的一方往往是零售商。零售不直接提供生产和服务，往往将接到的用户订单转交给目的地真正服务的一方，甚至还需要经过多次转手传递到司机、酒店、领队和导游。售前和服务分离，服务环节多方参与、多次的信息传递和众多服务人员的交付让服务体验的执行变得随机和不可控。但品牌对用户的感知是需要确定的，对用户来说假期只有一次、给你的机会也只有一次，所以今天口碑再好的旅行公司都有过“粉转路”。

“听朋友推荐，我给了你一次机会，没想到你们也就这么回事。”

“上次在这预订的体验不错，这次很糟糕，你们变了变了，不值得再信。”

携程、飞猪每天需要面对大量的需求和订单，但不提供任何一个订单的实际服务，需要分布在全球的导游、司机、酒店、服务人员来承接用户预订时候的期待。仅仅依靠标准和体系仍然难以管控到每一个用户最后一公里的实际体验，所以我们常常看到来自平台的投诉、差评几乎是伴随订单量增大的必然产物。

其他的旅行公司通过委托地接社、目的地导游和司机来完成订单的实际服务，“麻烦你服务好一点”“这个客人很重要”，用户体验都会留有更大的缺口风险。

零售商想服务得更好，但是资源商无法 100% 做到，资源商也想要全心做好，但链条上的其他角色难以 100% 做到。

很大的原因是今天在旅游供给端没有真正联网和对每个人贡献的及时反馈及奖惩。

在面对旅游的淡旺季上旅游企业还需要面对峰值交付和稳定交付。旺季的时候往往带来车辆、导游、司机甚至酒店供应的不足，在最高峰的时候需要储备足够的接待资源，旺季的时候资源又需要释放，企业没有预测和调控能力，经营上也缺少抓手。

在旅行体验的稳定交付上，很多用户信任了一个品牌之后，是会长期选择一家旅行公司的，这就需要每次的体验都能够稳定地交付，不能是“上次很好，这次不行”。

构建旅游品牌的 6 个内涵

品牌不等于公司，更不仅仅是商标和广告，公司大但不一定有品牌，公司小也不一定没有用户的选择确定，如果要给品牌下一个定义，品牌是包含了定位、理念、真诚、信任、颜值、确定性以及对用户来说明确的选择理由（图 2-18）。

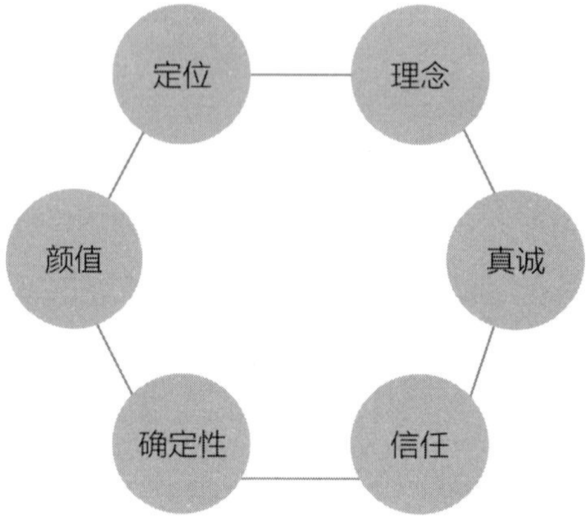

图 2-18　构建旅游品牌的 6 个内涵

定位是一种选择和取舍，你选择了哪部分用户就舍弃了另外一部分用户，但因为有了明确定位，又会吸引符合定位的更多用户，你选择高端中产，就不要去做低价，你选择青年人市场就不要再做老年用户。

理念是一种坚持和价值观，如坚持原汁原味原生态，环保和绿色，坚持可持续旅行理念，贴近当地人，喜欢健康户外、发现世界、用心出发等。

真诚是一种真实、透明、坦诚和温度，用户想知道什么就可以知道什么，把用户该有的知情权告诉用户，不欺骗、不隐瞒，不依赖信息不对称挣不合理的钱。信息越透明，用户越敢消费，越容易形成从“信息”到“决策”到“交易”的闭环。

了解是通过连接—互动—认同—品牌交互路径建立的对企业的熟悉，信任是来源于专业性的认可和价值的认同以及一以贯之的积累观察。

确定性是用户知道你会做什么、不会做什么，会好玩、有趣、真诚，不会虚假、欺骗、套路。只要有假期，甚至不用关心具体的行程安排，对你的定价也很放心，只要你有产品，我有假期，就可以出发。

颜值和调性是符合用户的审美趣味、身份认同和自我表达。

旅行企业不能把商标、logo当品牌，更不是一味花钱做广告，对于休闲度假来说，用户在乎的是实实在在的体验，只有依靠体验建立起来的用户认知，才是稳固的品牌。品牌是一个容器，里面装的是用户的信任、喜欢和偏好，企业和用户的每一次接触、沟通、体验触点，都是在塑造品牌，有的给信任加分，有的给信任减分，当品牌这个容器里，没有了用户的信任，用户就会离开。

品牌一开始是规划的，最后落地带给用户的实际感知都是互动出来的，只有用户感知到的品牌才是品牌。

品牌还包含了人格化以及和用户做朋友的长期心态。在2020年春节新冠肺炎疫情发生的前一两天，正好是因为疫情耽误春节假期出行的几天，疫情的未来发展很不明朗。整个社会处于一种焦虑、压抑和紧张的气氛当中，很多用户对于已经支付但无法出发的旅行费用能否退回存在担忧。一些坚持品牌和长期经营的企业在国家未有政策之前，率先做出了原款退回的承诺，对于一家不大的旅行公司来说，这是非常了不起的。因为当时境内外一片焦灼，很多公司在和用户拖延，公司已经支付的地接资源款不一定能够退回，且公司还要面对几十上百的员工，未来怎么样谁都不知道。

也正因为当时的这些举动，2020年逐渐放开跨省游以后，这些公司获得了最快速的订单增长。有的线路一上线就被预订，整个2020年这些公司的经营业绩对比2019年，略有回落甚至接近持平。

这是品牌和用户相互信任的力量。

品牌还包含了商业上的克制，什么钱该赚，什么钱不该赚，该赚多少钱。

2020年，不少旅游企业尝试了微商，甚至在微商选品和内容上不做严格的筛选，急于将用户变现，带来的后果是伤害了用户的认知和信任，丢掉了以往积累的基本盘，再有旅游消费时，用户已经不再信任你了。

除了知道什么钱不该赚，还应该清晰企业合理的利润界限。

旅游企业对自己的经营利润应该有明确的两道线，一条是最高毛利，一条是最低毛利。除了最低毛利要预警、最高毛利也要预警，一旦超出最高毛利线要评估这个钱挣得是否合理。企业不能去挣超出自身创造价值以外的钱，用户不是傻子，如果长期赚取不合理利润，用户也会远离。

品牌就是这样，装着用户的信任，好的品牌可以降低用户决策难度和企业售前成本，但是一旦在经营中缺少克制、多了消耗，用户就会远离。好品牌离不开定位、理念、真诚、信任、颜值、确定性，也需要故事、温度和价值观。

在实际的经营当中，企业想要构建自己的品牌，是需要长期规划并持续坚持的事情，交互多了、传达多了、无数个小的积累连接成线，品牌的价值和认知就逐渐构建起来了。

比如，企业的原创能力，在产品原创和内容原创上需要有持续稳定的创意输出，企业对外的视觉形象，在色彩调性、视觉内容、字体符号、文案表达上都要做到统一一致，类似惬意的电话铃声、客服接待话术、企业的logo、标语、旗帜、信封、礼品袋等一切对内对外的衍生物，都应该重视起来，品牌是和用户的每一次接触体验、视觉、故事、内容、交互、产品、理念、专业性等的长期累积，品牌不是一次的，品牌是长期的。

下个10年，有定位、有情怀、有理念、有信任、有颜值的旅游品牌一定会贵一些。

第 3 章

未来 10 年　不断放大的新旅游业态

3.1 主题旅行

在今天的旅游行业，尤其是疫情以后“主题游”都是一个被频繁讨论的热门话题，我是2017年在携程开始接触和负责主题游业务，携程主题游也是行业内最早开始对这个模式进行摸索和尝试的。在此之前行业内也有其他的公司和平台做过一些探索，但都没做起来，如途牛、同程、众信，还有一些创业公司。今天来看，携程主题游算是国内在“主题游”领域最早探索且有一定影响力的主题游品牌。

但这也并不代表携程在主题游领域是做得最好或有机会做得最好的，以平台模式来做主题游也会有很多的限制，游侠客也将自己的定位调整为“好玩的主题旅行平台”。未来主题游的经营更适合以电商平台的方式还是以全产业链自营的方式进行，今天还难有答案。

我当时做这件事的时候，几乎旅游行业所有主题游的公司我都研究过，有的亲自去聊过。北京、上海、广州、成都跑了几圈，所以几乎随便提到一家这个领域的公司，无论大小，我都能如数家珍地说上来。也是在这段时间内，我接触到了游侠客、稻草人、32号，这样一批完全不同于传统旅游和OTA平台成长路径的公司。有一次和携程的高级副总裁小平总参加贵州的户外大会，聊了一些户外主题方向，长期来看大家都很看好，但现在回过头来看，2018年、2019年那个时候面对新事物我的理解也是不够的。

2019年之前主题游一直没有形成概念和广泛的市场认可，大家的关注还是定制游。我还记得，2018年我到杭州参加一个户外大会，我说我是携程主题游的，很多人说没听过。2019年南京户外展的一个演讲，我说我在携程主题游，好像有些概念了。2020年新冠肺炎疫情发生以后，整个行业都在关注主题游。

从 2019 年到 2020 年，主题游开始形成了一定的行业影响力和关注度，回顾主题游在国内这几年的发展，我理解的可能比别人要多一些。

什么样的产品算是主题游?

到底什么是主题游?

今天旅行行业的很多公司，可能都会说我们也做主题游，但每一家旅行公司在表达自己所定义的主题游时，其实理解是不一样的。有的觉得西北房车应该是主题游，有的觉得在新疆赏花可以是主题游。面对用户，“主题游”变成了一种流量营销方法。

2019 年年初我们携程主题游的团队重新拟定了主题游产品的判断标准，我还记得在标准的开头我写下的第一句话：“主题游，是区别于传统观光旅游的一种新型旅行方式，以深度体验主题玩法为旅行的主要目的，满足用户对某项主题或某一目的地进行深入了解与体验的需求。”

具体来看至少有两个显著的标准：

50% 主题性

“在食、住、行、游当中，游的主题行程安排比例必须超过全部游玩行程的 50%”，如果主题部分的行程安排低于整个游玩行程的 50%，这条产品还不能严格算成主题游（图 3-1）。不能去巴厘岛的行程中只要有潜水，就可以算成潜水主题，去跳个伞又是高空户外。在携程内部考虑到不同部门业务范围的划分，需要严格界定清楚，同样呈现给用户，也需要有明显可感知的差异。

主题活动为费用包含

行程所有主题体验活动为费用包含，行程满足纯玩无购物、无强制自费，这也是主题游产品的基本前提。如果一条线路是到了目的地后自费参加自驾、潜水、徒步，在当时来看其实也算不上真正意义上的主题游。和目的地原有的定制和常规产品差异性不大，都是到了目的地以后的自由选择，并不以深度体验主题玩法

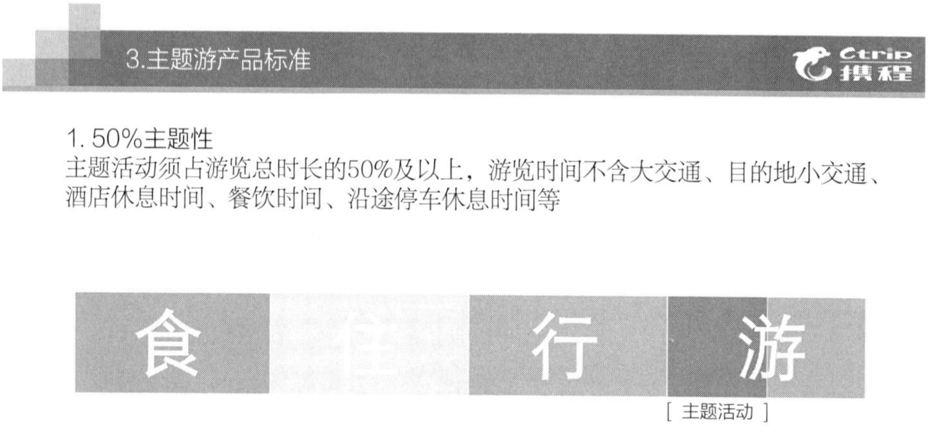

图 3-1　携程主题游产品标准

为旅行的主要目的。

主题游思维如何指导产品设计

今天在旅行市场，其实大家对“主题游”的定义仍然是比较模糊的。

大部分人的理解是今天的主题游是小众市场、高客单价、人群细分，在某种意义上这是没错的，我在做主题游的第一年几乎都是这种理解。

到了今天，我会觉得主题游是接下来整个旅行市场的产品方向，需要强调的是产品方向还不是旅行市场的方向。从产品方向上主题游至少有 3 层理解和价值。

主题游是兴趣爱好的垂直品类

主题游的最早兴起是户外品类，就是徒步、登山、潜水、滑雪，大家可能发现这些品类都有明显的户外属性且依托教练、领队黏性、缺少旅行社资质、小团体圈子，这也是旅行市场分得比较开的且是一块不起眼的市场。

但是这些年消费的变化、国内户外文化的兴起让旅行和户外的融合更加紧密。

因为兴趣、爱好聚集起一些相同想法的人一起去玩，这是主题游的最早期形态。

主题游是传统游的延伸，深度、小团、私家

第二层理解主题游是传统旅行的体验升级，大车变小车、大团变小团、体验升级、服务更好，如摄影团、自驾、婚拍、旅拍，跟着电影、跟着酒店去旅行等。市场上的私家团也是近几年起量最快最好的，这是另外一类，也是起量最大的一类，户外覆盖人数较多，但 GMV 还是靠这类。出境长线的客单价 3 万元 / 人，一个订单 6 万元，一个供应商一年把这种线路做两条，千万元的销售额，就可以养活 20 人的公司了。

前两层主题游的理解对产品设计的指导意义都还限定在兴趣人群和小范围。

我更想分享和提醒大家重视的是第三种，长期意义也是最大的。

主题游是基于用户需求的产品设计

所有的产品都是满足用户旅行需求的解决方案。解决的是用户如何快乐的问题。

那为什么设计这个线路、为什么出发、为什么购买、为什么选你不选别人，其实都是需要需求洞察、人群定位和在此基础上的产品设计。

产品的主题，设计什么主线？满足什么需求？用户定位是什么？塑造什么体验感？

同样去云南，为什么跟你去，一个云南也有很多种玩法，有的文艺、有的户外、有的文化、有的研学科教，这不就是最普适意义的主题吗？

同样去云南，不同的旅行公司呈现的线路是不一样的，体验感也是不一样的，这就是基于人群定位和需求的设计吸引到不同的目标人群，且影响着对应的转化率，所以我一直认为一款产品的销量在上线前就决定了一半。

市场化的竞争环境中，在用户决策和选择阶段，是需要找到和用户的沟通点的，那你的产品主题是什么，沟通点又是什么？

你写文案、写详情页，拿什么和用户沟通？

今天 98% 的旅行公司我觉得不是做产品，是做简单粗暴的加减法，这个半天加进去吧，那个经典打卡地加进去吧，还有半天，那再加一个这个……这是叠加不是设计，这是线路不是产品，有的更谈不上定位和需求理解了。

每一个自己做出的产品都是签名的代表作，我们自己付出思考做出的产品，内心怎么可以允许销量上不去，成为一个败笔呢？

每一次认真做出的产品都要冲着两个 1000，要么销量 1000 万元，要么用户量 1000，不然一款产品的前期成本投入不太值得。

所以，产品不需要很多，能打最重要。

这是我对“主题游”产品意义上的 3 层理解。

怎么看待“主题游”的未来发展？

主题游只是旅行消费需求和产品设计向前发展的阶段性产物，今天整个旅行市场看待主题游是新的，是因为过去没有。随着中国旅行者旅行经验的不断丰富，旅行产品的设计思路也在发生变化，会让我们从一个 OTA 的物以类聚过渡到主题游的人以群分，兴趣和爱好当然可以聚集起一个不小的生意，无论是户外、旅拍、亲子、露营、房车还是徒步、潜水等，细分、小众、垂直、爱好让主题游变得百花齐放。

另一个层面，更大的意义在于提醒我们设计产品需要围绕用户、围绕需求，产品要有主题、有体验、有交付。从这个角度来说“主题游”不是少数公司应该重视的，“主题游”恰恰是多数公司该重视的，接下来的旅行市场，会对很多的传统旅行产品大浪淘沙，留下真正能够满足用户需求的好产品。这样来看，我们都在迎接全面主题时代的到来。

3.2 户外旅行

户外论坛8264的一份《2015—2016年中国户外旅行用户行为分析报告》显示，中青年渐渐成为户外出行的主力军，其中20~40岁占比达到66.32%，且不断上升。1000~4000元的长线产品最受用户青睐，占比达到38.24%。徒步项目凭借40.75%的订购量一路领跑，深度游、登雪山等项目也为大众所喜欢。另外，潜水、漂流、滑翔伞等小众活动参与人群也显著增长，户外出行规模持续扩大。

起初，在中国户外运动只是小部分人的爱好，一部分驴友通过兴趣群和社区论坛的方式相互结伴、分享户外的乐趣。户外和旅行原本是几乎平行的两项活动，在近些年有了渐渐融合的趋势。

2014年前后兴起了很多的户外创业公司，如早期的绿野、8264、磨房，今天来看在户外领域仍然没有头部的明星企业。大多数的经营状况较为一般或勉强维持，相反，"户外+旅行"这几年却有了不少的融合、探索和突破。

户外旅游的经营现状和长期模式

户外运动的早期发展依靠论坛、社区、QQ群、公众号、微信社群就可以组织驴友向户外出发，具有一定的自发性和随意性、经营门槛低，从商业经营的角度来看待户外发展有这么几个特点和模式。

意见领袖、自组织

户外行业很大一部分靠意见领袖或者领队、教练、向导模式，依靠专业性、经验和信任，一个人带一群人就可以组织起一个户外旅行团。一般非商业经营模式的户外活动大多参加者费用AA，这种参与者的活动体验和氛围都比较好。"老驴"带"新驴"不断入坑，很多城市、学校、公司也都有这种户外的圈子或社团。

高风险性

依靠自组织的出发组团模式，大多不具有商业性，但也带来高风险和不规范，很多户外线路并不是常规的旅游线路，户外爱好者更喜欢来到人迹罕至的地方寻求更好的风景和身体素质的挑战。在黄山风景区就出现过自组织的户外爱好者闯入未开放的山体区域，出现人身安全的事故。很多爱好者未经专业训练且脱离完善的报名流程，如缺少户外活动的安全技能和意识掌握，参与户外出行并不强制购买保险等，让自组织的户外活动缺少安全性。

经营乱象、门槛低、监管空白

目前户外行业的商业经营更多的还是依靠早期发展起来的俱乐部模式，但俱乐部并不一定具备旅行社经营资质。俱乐部提供的户外领队拥有的最多资质是户外登山指导员，并不是旅行社派出的导游，这也是目前户外旅行发展中遇到的制度缺失。

很多俱乐部的经营者本身是从户外爱好者发展而来，有一定的用户基数和信任，甚至不成立公司仅依靠注册公众号或者微信群完成线路宣传、报名和收客，经营门槛很低，承担风险的能力也非常弱。

虽然近几年渐渐出现“俱乐部旅行社化”，很多俱乐部开始注册国内旅行社的经营资质，但依靠公众号和微信社群，每年的经营规模在 30 万~ 100 万元，两三个人成立的俱乐部公司今天依然大量存在。

互联网程度弱、数字化程度低

旅行行业的互联网化程度是比较薄弱的，户外行业相对旅游行业更加粗糙，户外行业的数字化程度处在一个极低的操作水平。大量的俱乐部因为经营规模很小，经营数据和用户资料管理等大多依靠 Office 办公软件来完成，今天，也有很多的俱乐部开始接入有赞等管理系统，完成经营的线上化。

整体来说，中国的户外行业还处于一个分散的细分、小众市场。

户外旅游的未来发展

户外+旅行的融合

无论是短途1～2天的城市周边还是长途5～6天的国内线路，从产品形态、经营方式上户外和旅行都在渐渐走向融合，活跃在国内一二线城市的户外俱乐部公司，周末发起的城市1日、周边2日的登山、徒步、骑行等户外玩法代替了城市用户原本要去的景区、公园等周边游。

越来越多的国内旅行社在产品设计和开发上也在向户外产品学习，不断增加户外线路的体验、参与、运动元素，提高旅行的体验感，甚至从线路的开发和选择上也在不断学习户外。

云南的雨崩村一开始是户外登山爱好者的入门线路，旅行行业很少知道，这几年越来越多的户外爱好者来到雨崩拍摄了大量的图片和视频并在网上传播。今天雨崩已经是很多旅行公司的线路产品，在携程主题游平台上，徒步登山品类中雨崩的销量一直领先，从小众圈子的户外爱好者走到更多旅行者面前，雨崩也只经历了几年。

俱乐部变旅行社

户外俱乐部要想跳出俱乐部模式的经营限制，提高经营规模，必须在经营资质、品牌和经营方式上做出调整和改变。以俱乐部模式经营的户外公司需要补足旅行社的经营资质，弥补在经营规范、户外保险、服务能力上的不足。

旅行社在过去是一种商业经营主体，今天变成了一种经营资质和门槛，越来越多的俱乐部在完成经营资金和用户基数的双向积累后，考虑到继续扩大经营规模，陆续注册了国内旅行社的经营资质，这种模式成长起来的户外公司拥有旅行社资质却不愿意被用户当作旅行社，是一个很有意思的现象。

什么是旅行社?

是一种经营主体还是经营方式，是固有印象还是传统认知，这也是旅游发展新旧交替中难以定义的部分。

小众化大趋势

年轻人中喜欢户外的越来越多，他们的购买能力和出行需求都比较突出，这也需要户外产品多元化、创新化地展现和表达。2021 年户外旅行的交易规模仍在不断扩大，基于中国游客旅行经验的不断丰富和国内外户外自然资源的足够多源，户外旅行呈现出“小众化大趋势”。

体验户外和深度户外

体验户外也可以理解为轻户外，是这几年“户外 + 旅行”融合的一种模式，代表公司有 32 号旅行。

“32 号”的文字解释是“每月最多只有 31 天，多一天，用来发现世界”，32 号在产品设计和经营定位上主要围绕旅行线路的原创设计，提倡轻户外、深体验，同时注重旅行安排中的酒店住宿品质和美食，很受城市现代人的欢迎。

轻户外一个很大的好处是契合了人们对于自然、运动、放松和体验的心理需求，同时和旅行做融合。当前旅游行业的发展也正处于传统旅游产品被迫升级的新阶段，“户外 + 旅行”的发展模式同时切中了市场需求和行业需要，这一类模式的代表公司还有早期的游侠客。

这一类“户外 + 旅行”的新型公司，开发设计出很多适合大多数人的户外旅行路线，深受市场欢迎。比如，雨崩、腾格里、喀纳斯、呼伦贝尔、四姑娘山等（图 3-2、图 3-3）。

图 3-2　十大国内轻户外线路

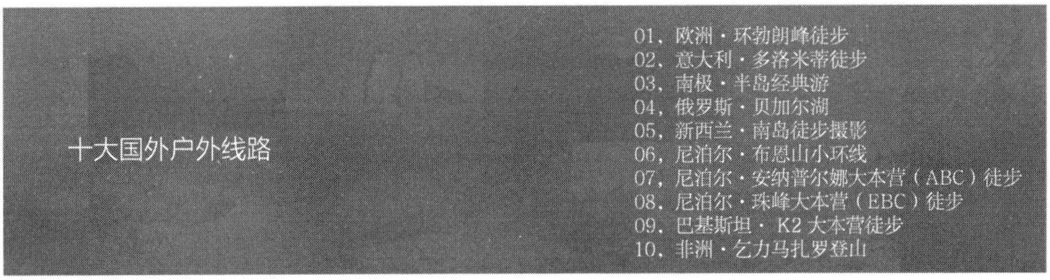

图 3-3　十大国外户外线路

从发展前景上看，“轻户外 + 休闲旅游”市场切中的是整个旅游消费升级的大赛道，这样一种新模式长期来看是从传统旅游里接过未被充分满足的旅行需求，甚至一部分喜欢轻户外、深体验的旅行用户，他们预订旅行产品时也已经不再选择携程等成熟的 OTA 平台。

对应轻户外的是深度户外，代表公司有徒步帮。

徒步帮是一家定位全球深度户外的公司，依靠 2014 年兴起的公众号红利和创始人个人 IP，完成了户外爱好者的初始粉丝积累，目前通过视频号、微信社群聚集了大量的户外深度爱好者。

从徒步帮提供的户外旅行线路报名数据看，依然是轻户外线路报名人数更多，深度户外更加小众（图 3-4）。

图 3-4　热门线路人数统计

随着未来 10 年中国经济持续快速的发展，国民生活水平的不断提高，人均可支配收入的不断增加，都在推动旅行和生活方式的不断改变，长期来看，人们更加注重生活方式的平衡。户外运动和休闲旅游的结合等活动会得到显著的发展利好，尤其是城市里的青年白领，工作、生活压力较大，更加热爱充满个性与挑战的户外运动，来调节生活节奏，释放负面压力。

从疫情后国内旅游的发展来看，我们国家本身拥有很好的户外旅游资源。从平原到山地，从森林到沙漠，从雪山到湖泊，不同地区的地理、自然、文化、风俗有着非常大的差别，这种差异性也增加了户外旅行的吸引力，广阔的地理区域和丰富的自然风光为户外运动提供了多样的活动空间。

对比国外的户外发展，当下我们正在经历欧美人经历过的户外旅游的萌芽、增长、爆发的阶段，但中国户外旅游的发展并不是单纯地复制这一过程，这个过程将大大地被缩短和加快，中国的户外文化起步晚但发展快，户外旅游从增长到爆发的时间窗口会更加短暂（图 3-5）。

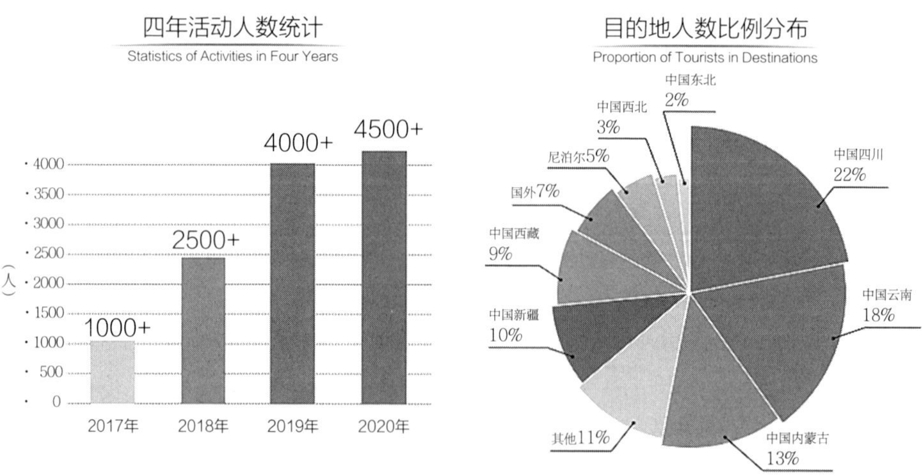

图 3-5　徒步帮户外活动数据

随着互联网、移动互联网的高速发展，也会有更多的户外商业公司出现，不断加强和提升户外旅行的经营资质、技能培训、安全管理、户外意识等，俱乐部层面也在不断发生着变化。更多的线上“俱乐部”包括QQ群、微信群等转变为合规的经营实体，更多的领队和俱乐部签约，甚至拥有导游证，不再单兵作战。

以稻草人、32号、游侠客为代表的新旅游公司，不断通过完善的资质和标准化的经营，影响了更多户外俱乐部的转型升级，户外旅游的企业经营和产品形态将更加标准化、安全化。

在产品上，无论体验户外还是深度户外，不同户外线路产品的难度将细化分级，户外旅游的商业经营也将打破熟人经济和信任小圈子的局限，最终成为人人触手可及的标准化、体验式旅游产品。

从用户角度看，户外和生活方式、兴趣爱好变得息息相关，户外旅游不仅仅是锻炼身体的方式，更多的是走近自然、在山河湖海间找到运动和旅行的乐趣，渐渐成为一种普遍欢迎的体验式旅游方式。

今天，在户外行业还没有出现巨头公司，虽然未来很可能面临许多来自行业内部和监管方面经营挑战，但是对比几年前，现在的“户外＋旅行”无疑是一个最好的时代。

从更长期的角度看，如果户外只是户外，注定小众，如果户外加上旅行，小众化大趋势。

3.3 定制旅游

定制旅游从2017年开始就是一个很受关注的领域，这一年行业内出现了很多的新公司，“私人订制”也给准备进入旅游行业的新人描绘了一幅诗和远方的美好画卷，很多公司的招聘需求都把定制师的工作描绘成人在机场、刚下飞机、抖音达人、月薪过万元……这其实对新人是一种很大的误导。

一些对定制旅游有向往和热爱的年轻人，他们觉得定制师应该频繁出现在法国葡萄酒庄园、在瑞士打卡网红酒店、在美西畅快自驾、在云南朝圣梅里雪山、在三亚一躺一整天……

不只是行业新人，其实旅游行业内对定制游的理解一直有偏差，定制游诞生火爆的时间节点正好处在OTA在线旅游大战结束后的几年，旅游行业内缺少新的话题和创业风口，定制游成了线上线下频繁讨论的话题，一批创业公司如雨后春笋般迅速切入定制游市场。

直到今天，尤其是疫情后，资本的潮水退去，人们发现定制游风光美好的背后仍然离不开旅游行业的经营本质。在定制旅游曾经火爆泡沫的背后，不仅有来自投资方的压力，更多的是技术、服务、硬件资源、品牌等诸多方面的挑战局限，要达到定制旅游客户的体验标准和定制游企业的经营效率，企业需要具备的条件并不低。

直到2021年，还没有看到旅游行业真的将定制游模式规模化且真正走出来的创新企业。

定制游企业的4种经营类型

定制游（Tailor-made Travel），是一种国外非常流行的旅游方式，是根据旅游者的需求，以旅游者为主导进行旅游行程的设计。通俗地说就是根据自己的喜好和需求定制行程的旅行方式。这种模式在业界的特点就是弱化了或者去除了中间商，能够给旅游者带来最个性化的服务。

这是一段来自网络的解释，从大众的理解里定制游大概有这么几个特点和前提：

（1）需求导向、按需定制。

（2）区别于跟团和自由行。

（3）品质和专业服务。

（4）个性、私密、一站式。

定制游模式最早兴起于2013年，火在2017年，受到欢迎的背后最主要的原因还是中国旅游消费大环境的利好以及旅游消费需求的升级。随着旅游经历的丰富，人们不再满足于每个目的地下的固定产品选择，用户开始根据自己接触到的目的地信息对旅行有了零星的想法，企业为了适应这种需求，开启了“定制旅游”的“新”模式。

从细分市场上不同的定制游公司可以发现定制游经营模式选择上主要有这么几类。

（1）OTA平台模式：携程、飞猪、马蜂窝定制

这一类定制其实是一种“流量形式”，和旅游行业一直存在的咨询、报价、销售流程没有任何区别，OTA平台的定制扮演着收集用户需求和流量的角色，背后的服务依靠目的地供应商完成。

（2）To C定制线路

这是今天定制旅行市场上最多的一种类型，大大小小不计其数，较为有名的有无二之旅、世界邦、6人游、斑马旅行等。这一类基本有了经营用户的思维，在获客上希望摆脱OTA平台的流量又在经营实际中难以全部放弃，受挑战的依然是规模和效率。在2018年年底，行业内不少的定制游公司就开始缩减定制师的人员规模，背后的原因仍然是效率不高、人力成本较大。

（3）To B的SAAS工具

代表型的企业有路书和妙计，妙计是从To C转到To B，希望通过技术化的手段和方法提高OP和旅行社定制方案的效率，目前这个方向的创业仍然还在摸索。

（4）C2C达人模式

行业内看到有指南猫等一些创业公司，聚集目的地旅行达人通过在线咨询平台，提供咨询和定制服务，这种模式也在摸索当中（表3-1）。

表3-1　定制游公司业务方向和成立时间

公司名称	创业方向	业务类型	成立时间	经营现状
6人游	To C	线路定制	2013.5	经营
游心旅行	To C	线路定制	2014.4	经营
妙计旅行	To B	行程定制工具	2014.1	不详
世界邦	To C	线路定制	2013.1	破产
无二之旅	To C	线路定制	2013.6	经营
游谱旅行	To C	线路定制	2014.4	不详
路书	To B	SaaS工具	2014.10	经营
指南猫	To C	定制平台	2013.5	经营
携程定制游	To C	定制平台	不详	经营

定制游企业的经营本质

流量：客从何来

旅游行业最核心的经营难题仍然是流量，定制游也不例外，无论创业故事有多生动、品牌定位有多清晰，都无法回避“如何获客”的灵魂拷问。这一点在定制游被资本推热的几年里，旅游创业被情怀、故事和热情打动，关于流量、产品和服务交付的经营本质问题，其实是没有被认真考虑的。

做旅游的哪家公司不需要咨询？

定制游发展了这么多年，直到今天依然很少看到真正能够依靠自身流量和用户经营，在定制游领域具备规模化增长能力的公司，很多公司依然需要依靠同业、OTA 等各种流量平台完成流量输血，获得流量以后招募大学生、留学生、客服 OP 完成对接销售。

To C or To B 的选择

选择哪个方向受到的挑战也不一样。

To C 方向的定制创业受到的挑战和竞争都会很大，包括来自资源、专业能力、流量、经营效率等多种维度的综合挑战，To B 方向的创业无非是资源提供和 SAAS 工具。今天看到的定制行业的 SAAS 工具可能在某个片段上解决了部分问题，如报价方案的呈现，还没有真正解决 B 端的效率问题，现有的探索在效率、经营、资源上都没有太大创新。

收费模式的选择

产品加价模式是今天最为普遍的一种定制模式，定制游企业赚取的是一部分的信息不对称和产品服务价值，也是用户较为接受的收费模式，和传统咨询、报价、销售、转化的路径差别不大。

另一种正在探索的模式是服务费或咨询费用，比如在帮助用户预订机票、酒店等项目时，定制师利用自身的专业性帮助用户找到最高性价比的选择。在此之上，定制师收取用户行程报价的 10% ~ 15% 作为定制服务费，在呈现给用户的报价方案中，逐项列明，透明清楚。但是定制服务费和咨询费在今天仍然不被大多数用户接受，也难以规模化推广。

效率问题

流量解决客从何来，效率解决转化水平和成本平衡。

不少的定制游企业今天的经营模式是依靠前端的流量成本从OTA平台获客，再招聘培训大量的上岗定制师，批量处理用户需求，把自己变成了“定制转化工厂”。这样的经营模式也正在受到成本和效率的挑战，不少公司2018年以后开始意识到在高昂的流量成本、资金账期和人员负担面前，效率是比较低下的。

专业性和体验度平衡

谁来给用户定制行程？

定制师，具体一点的身份可能是传统旅行社OP、刚走出校门的学生、留学生、部分旅游达人。

这些人在目的地专业性上并不一定能够做到专业和资深，他们依靠培训、攻略、搜索查询最终给用户呈现的一条百度同款线路，在专业性上有时候让用户产生怀疑。

学生走出校园，大部分学生还没有自己的一本护照，已经成为出境游定制师。

留学生在国外待了几年，其实也很难从旅游产品运营和目的地资源的角度对一个目的地做到深度了解，好比一个人在上海、北京读了4年大学，依然缺乏对上海、北京的自然、地理、文化、美食等综合维度的深度了解。

部分旅游达人模式受到的挑战来自专业性，可能旅行达人在某个角度是比较专业和会玩的，但很难深度了解很多国家和目的地。另外达人自己会玩，但离规模化地打磨输出线路，还有一段现实距离。

在现实中，很多公司的定制师承担了销售的任务和业绩压力，不管用户的需求是什么，都往某条线路上引导。这个时候就更不像定制了，而选择定制游的某些用户中不乏旅行经验较为丰富的人，定制用户的旅行体验难以保证。

曾经在一次行业论坛上被讨论的一个例子是：用户说我想去北京玩玩，结果定制师给你用天安门、故宫、颐和园、八达岭长城、十三陵串了条线路，还让你每天早晨7点就出发，这种百度同款线路，定制师还要收你定制费和服务加价。

总的来说：

定制游依然逃不开旅游经营需要面对的本质问题，用户不会因为你是定制游就知道你、相信你、选择你，定制游企业也不会因为自己是定制游，在产品和服务上就和已有的跟团游有较大不同。旅游产品服务的背后依然需要产品设计、服务交付，需要解决客户从哪里来等一系列复杂问题。

定制旅游的经营现状

流量形式和加减法

今天我们看到的大部分“定制游”只是一种获客的流量形式，包括携程定制、飞猪定制、马蜂窝定制，商家没变，产品没变，获客的方式变了。对商家来说，只是多了一种收集流量的方式，对用户来说我不用去挑选产品了，下个需求单与自己复杂地搜索比较，购前成本低了一些。

在某种意义上也是一种零和游戏的加减法，“找到自己想要的旅行太难了”“那你告诉我吧”，左手换右手，从货架电商迁移过去的这部分流量填起了定制游的一部分市场规模。

今天来自平台最大体量的“定制”依然停留在咨询报价，这在旅游行业一直都有，也是旅行售前基础的交易过程，无论线上还是线下，只不过过去叫“咨询”和“报价”，今天换了新的说法叫“定制”。

难以真正按照需求

定制的前提是理解用户需求，我们以为的定制师是旅行经验足够丰富、对目的地足够了解的旅行专家，但是今天的定制师很多没有去过目的地，依靠百度、小红书、马蜂窝的攻略和公司培训完成了对目的地的基础了解，以及拿到公司这个季度主推的 3 条线路问题清单开始上线接单。

能够定制的前提是足够理解需求且足够了解目的地。

一个旅行经验不够、没有去过目的地的人通过微信来告诉一个旅行经历更多的人如何去玩转欧洲、三亚、西班牙，在今天的定制游行业真实存在。他们很多来自刚刚走出校门的毕业生或是传统的旅行销售，有着有限的旅行经历和对目的地的了解，他们在过去也许还有一个身份，叫“客服”。不专业的不只是个人，还有公司。

一个做海岛定制的企业在接到用户想去欧洲旅行的需求时，也会开心地说出“可以”。转身便在朋友圈和微信群里求助“谁家有欧洲的7天行程”，发来一下。

除了自身的专业性不够，来自经营效率的要求也无法完全按照用户的需求来定制。

用户的需求是纷繁多样的，如果都去理解并执行，订单跟进的时间成本和操作成本都会很高，所以一般的做法要求定制师，相同目的地无论是什么样的需求最终都转化成既有的3条线路，只有这样效率才高。

定制师是属于旅行公司的，他们的收入根据订单的收益分配。这样结构下的定制很难完全基于用户需求出发，不得不兼顾了公司和个人利益，带着销售目标和销售方向的引导。这种利益结构下推荐的旅行方式和资源，未必是用户真正需要的，但却是公司最挣钱的，最能帮助定制师完成业绩的。

一个定制师一年做出的旅行方案涉及的产品和玩法，可能都是大同小异。

至于用户需求，总是可以被引导的。

产品形态趋同

定制游是独立于跟团游和自由行之外的旅行形式吗?

似乎是。

大部分定制游的最终产品形态并不一定是“私家”或“独立”，而是给了一本“行程单”自己出发，或者和昨天同样定制的两拨客人一起跟团，最终的出游方式依然没有离开自由行和跟团。

商家没变、供给没变、产品没变、出游方式没变，这样的“定制”离想要的“定制”，还有很远。

关于定制游的未来猜想

定制旅游的需求导向和按需定制，专业服务以及品质、个性，对中国旅游的长期发展都有一定的积极、正向的意义。

我和国内的一些定制游公司的创业者在交流定制游健康发展的时候，大概有这么几个共同理解。

专业、细分小而美

选地接平台曾经对平台内的定制游做过一轮调研，发现疫情以后的定制游企业，相对活得比较不错的是我们一直提到的“小而美”企业。在定位上有细分、有品牌，深耕单一目的地，长期自有客户，有产品开发能力，有固定的用户群体和粉丝运营能力，尽管数量不大。

他们大多以工作室模式存在，人员规模在 10 人上下，年经营额在 800 万～2000 万元，努力做好产品服务，受到用户认可。

比如，专业做高端酒店、做生态旅行、做目的地的，虽然小但在经营模式上都比较健康，是我们常说的“小而美”。

我见过几个做得不错的公司和个人，他们在自己的领域能够做到专业、专注、人情、温度、有所坚持。除了获得尊重和持续的信任外，也能获得不错的回报。

资源差异、服务创新

定制游的核心能力是什么？各家定制游企业靠什么体现不同？应该是专业性和服务交付能力。

前文提到的今天的定制游之所以被怀疑，是因为很多定制游企业什么都能做，甚至让没去过目的地的人来做定制师，这样的“需求转化工厂”在专业性一环就很受挑战。

用户为什么愿意为定制服务付费，是因为企业提供了专业、差异、别处提供不了的稀缺价值，这也是今天旅游行业收服务费受到挑战的原因。当你真正深入了解一个目的地，深入资源和产品创新、做好服务交付，在对应领域的专业服务能力方面做到口碑、认可和信任传播，其实用户是愿意为定制的服务价值买单的。

还是说回来，今天的定制游企业在资源差异和产品创新上很少看到亮点。

效率工具

定制游经营模式长期受到的一个挑战是规模化。

是不是定制游就是长不大的生意？今天还很难下结论。有没有可能通过技术化的手段和方法提高资源端的供应效率和用户端的交互效率？单独依靠某一家公司的努力是不太实际的，包括目前行业内出现的一些技术工具，无论是方案还是报价工具，价值都还很单一。今天的旅游行业在 B 端和目的地端的互联网程度都很低，还需要一定的发展时间来将企业、资源、经营信息化水平提高，这是接下来互联网改变旅游一定会有的阶段，也存在着一定的商业机会。

总的来说，定制游是一种很好的旅行方式，能够基于用户的需求出发按需提供满意的产品和服务，某种程度上也意味着用户可以有更丰富的旅行经历、更多样的体验需求，同时伴随着更贵的价格、更好的服务、更灵活的安排。

过去几年因为资本的进入吸引了更多的企业和个人加入这个领域，也给很多进入行业的新人描绘了一幅职业选择和旅行方式的美好景象。

但任何概念都不如接近事物本质的思考。

今天我们看到的大部分定制游还不是新事物和新方式，很多还停留在获客手段和销售方式上，并没有改变过去传统的旅行产品生产和服务提供方式。无论是供给端（产品、人才）还是需求端（付费意愿、旅行方式）仍然处于发展的早期阶段，真正的定制依然稀缺。

3.4　美宿度假

对酒店旅行的关注和启发最早来自携程时期，我在负责主题游的时候，尝试过 1 个产品系列“跟着酒店去旅行”，基于这个主题出发设计的产品，很容易成为每个目的地下面的 GMV 爆款。以海岛酒店为例，像斐济、马尔代夫、塞舌尔、巴厘岛、塔希提岛等高端海岛，用户选择出发几乎就是冲着酒店去的，还有欧洲很多主题线路，如果融合进庄园、城堡、精品酒店（boutique hotel）等住宿主题和体验点，点击和转化明显要好很多。

我去过 3 次马尔代夫，也住过一些不错的海岛酒店，每一次都觉得交通费劲，太累了，下次不来了。但是每次看到朋友分享的图片还是能勾起再去的想法，这大概就是酒店本身的魅力。

2020 年以来，无论是国内还是出境，无论是大企业还是小公司，无论是中国还是全球，因为疫情的毁灭打击，整个旅行行业都有些哀鸿遍野。但在酒店行业，携程的 Boss 直播带动了酒店业的最快复苏，也开启了国内高端酒店的首次集体优惠。一边是旅行社行业的普遍萧条，一边却是精品酒店和特色民宿的另一种“热闹”。这些酒店不仅没有因为疫情影响预订，在大家可以出行的 5—6 月，不少酒店的核销数据就已经接近甚至超过去年同期的水平。

“跟着酒店去旅行”不一定只是限定在国外的品牌和目的地，在国内，野奢度假型酒店和民宿渐渐成为很多人的旅行选择，璞修如此、松赞如此、原舍也如此。还有国内的黄河宿集、诺尔丹营地、桃园藏居、Vinetree 康腾、丽江巴格图、腾冲石头记、雄库鲁帐篷酒店、克鲁格营地、牧云山顶……

越来越多的特色酒店承接了中国人原先出国才能享受到的野奢体验和软硬件服务，酒店度假受到普遍欢迎的背后也给了旅行行业另一种启示：Hotel is

Destination（酒店即目的地）。

美宿度假的消费内涵

什么是旅行消费需求？

人们普遍需要当有了空闲时间出去玩的解决方案。

今天很多人在需要安排自己或者家人的假期时决策过程是比较痛苦的，不知道去哪里，不知道怎么玩，不知道怎么选。大部分决策来源是朋友推荐、查小红书、搜攻略，但更多人可能连这个步骤也不想做，“我下个月有5天假期，想找个地方旅行”“这个暑假，带家人去哪里放松度假”“下个月想去新疆，应该怎么玩、在哪儿订”……

所有的旅行产品都是满足用户需求，也就是“旅行解决方案”。解决方案不一定在乎目的地是哪里，只要契合用户需求就行；解决方案不一定需要每天在路上，满足体验、放松、获得就行；解决方案不一定区别跟团还是自由行，喜欢自由行的人可能只是因为没有接触过满意的跟团以为自由行玩得好，可能跟团可以玩得更好。总之，满足需求就好。

针对旅行需求，每个旅行解决方案中关于旅游行程的安排和产品设计都是用户体验和情绪的管理，最后都变成了出发时的需求和结束时的体验对比。

围绕需求和体验，超越住宿价值，酒店可做的事情就有很多想象了。

酒店就是目的地

酒店在今天成为一次旅行的出发理由和决策依据，抖音和小红书上大量的酒店达人和爱好者分享全世界不同网红酒店的打卡照片同样吸引不同地方的爱好者讨论、“种草”和前往。在旅行产品的设计上，酒店已经不再仅仅承担住宿价值，成了连同美食、景点、体验等同等重要的吸引点。

随着生活水平的不断提高和人们对美好生活的向往，用户在一次旅行中也不再满足住普普通通的酒店，精致住宿、轻奢酒店成了品质生活和优雅旅行的代表，他们会被洞穴酒店、帐篷酒店、悬崖酒店、精致露营而吸引。而这些连同回归、山林、湖泊、茶园、稻田、高山、海边、田野关于旅行住宿的美好元素，成为一次次旅行出发、停留、打卡、欣赏、参与、分享的理由。

酒店凸显生活方式和设计美感

生活方式和品牌理念的背后是争取消费者的心理认同，目前中国的旅游度假市场，也恰恰需要真正引领消费者的心理认同和情绪波动的旅行消费品牌。旅行消费的本质是一次情绪和体验的消费，在决策阶段用户不只是关注产品本身，还关注提供产品的你是谁、你代表谁、你为谁服务、你的用户怎么样，在决策阶段你代表的生活方式就已经在被用户认识、了解、接受和认同。

酒店对品牌、对生活方式的重视，用户对理念的关注甚至细化到 logo，视觉传达既要有色彩调性，也要有视觉内容和消费内涵，这一切都贯穿了一个用户从决策到消费到分享的全情绪链路。

除了度假村的地理环境、硬件设施、服务水平之外，传递的生活理念更加重要，绿色、环保、生态、自然、轻奢、品质……你是什么品牌、什么定位决定了你吸引什么样的用户，中国的中高端旅行消费者需要的是尊重审美、重视体验、达到内心归属和具有文化内涵。

未来人们想要一场度假的触发因素是很多元、随机甚至是感性的，但多种因素的背后都契合了人们心里的某一层需求，旅行消费者在度假消费选择上会倾向于回归自我，真正地和自己相处、和家人相处、和大自然相处。可能是想要一场身体的放松，想要满足一次小小的冲动，或是单纯地切换一种生活环境，又或是陪着家人看日出、去爬山、看看大海，也可以是和朋友叙旧喝茶，这些都和生活方式密切相关。旅行产品服务要成为生活方式的引导者和提供者，酒店作为融合人们最多旅行场景的地方，有着很大的发挥空间。

未来 10 年有设计美感和品牌理念的中高端度假品牌一定不缺客户。

住宿之外的价值延伸

酒店在住宿之外可以提供的价值有很多，甚至可以提供一场旅行的全部价值，美食、体验、放松、文化、参与、社交等。

比如，莫干山的很多民宿酒店，结合酒店的地理位置和乡村环境，为预订民宿的用户提供了徒步、采摘、手工、美食等多样的体验活动，满足了用户的参与感和体验感。在两天一晚的周末住宿体验里，吃到了当地的农家菜，采摘了新鲜的蔬菜水果，自己动手做了手工，回程还能带走当地的特产。从观光到体验到休闲放松，对都市人来说，正好满足了城市生活之外的短暂逃离和身心释放。

云南的一些中高端酒店，礼宾部和当地的旅行机构合作，开发了山林徒步和当地文化体验的多种项目，我在丽江璞修就看到了东巴造纸、纳西扎染、纯植物手工口红课程、雪山瑜伽、星空之夜等各种体验项目。

景点套餐、精品线路、在地体验是酒店在住宿之外的延伸，这样的度假体验甚至演变成一次旅行就是一张机票、一间酒店，至于美好体验都在酒店的延伸服务里完成了。

疫情影响，让国内众多小众轻奢的酒店受到欢迎，更大的意义在于指引了旅行消费需求变迁的方向。

酒店要想提高对用户的吸引力，当然不仅仅是住宿价值，当酒店愿意在住宿价值之外，多走1公里，就会多出很多想象。

当你拥有了一小段的假期，希望一段舒适放松的旅行，如果现在一张机票就可以出发，酒店里住两三晚，每天参加为你准备好的特色体验和饮食，休闲、惬意、放松、收获，这样的假期应该不错吧。

当酒店开始多走1公里，满足了正在变化的旅行需求，酒店不再只是住宿，旅行不一定通过旅行公司，“记忆深处那些曾经热闹的旅行社”，它们的价值和空间会在哪里？

第4章

未来10年 新旅游赛道的创业选择

4.1 未来10年旅游创业机会与选择

旅行行业的创业话题一直讨论得很多，在知乎和微信社群里经常可以看到不同角度的讨论。近些年来，资本遇冷、旅游行业内关于这个话题的讨论少了一些，但对于旅行创业，总有新人不断地前仆后继。从2017年开始我通过“在行”每年都会接触到不同的旅行创业者，与他们的交流常常能够启发我不同角度的思考，也能看到国内国外不同的创业方向和创业者正在做的事情。

在2020年年底我成立了自己的文旅公司，也算是加入了文旅行业的创业，创业、经营、文旅目的地一直是我长期关注和感兴趣的方向。即便以前在同程和携程公司的时候，我也习惯“以创业的心态来打工”，以中国旅游行业发展的长期视角来做思考。国内旅游行业的很多创业者我都有交流和认识，现在也常常和国内的新旅游公司创始人做一些行业内的交流，写到这部分内容的时候有很多话想说。

站在2021年的时间节点看旅游创业，和前几年是显然不同的，今天重新思考旅游创业这个话题，不得不理解今天互联网旅游发展的阶段和现状。

流量困境

1999年以携程、艺龙为代表的在线旅游企业的相继成立正式开启了PC互联网在中国旅游发展的黄金10年，2010年左右的在线旅游大战承接了微信和移动互联网在中国旅游高速发展的又一个黄金10年，尤其是2010—2017年，资本、移动互联网、技术、旅游消费红利在国内催生了大批的旅行创业公司。

无论是PC互联网还是移动互联网，都是基于新一代流量平台的早期红利诞生了很多的旅行创业机会。在红利期出现的时候，会有短暂的供需平衡，让获客成本和流量价格很低。

站在 2021 年的时间节点，旅游消费的获客成本是比较高的，无论是 OTA 平台获客还是微信私域获客，再也没有了过去的流量红利，流量从何而来，这是所有创业者需要思考的问题。

消费互联网的创业机会收紧

过去的 20 年，互联网对旅游行业的改造一直围绕消费互联网，C 端的用户预订体验已经做得越发极致。无论是搜索、预订还是支付和消费，效率和体验都做了非常充分的创新，人人可以通过手机完成机票、酒店、火车票、门票等标品的即时预订、即时消费，交互体验即便放眼全球也是领先的。

类似机票、酒店、火车票、门票是旅游行业里充分竞争的标品品类，它更适合大公司、流量型业务，也正因为大公司拥有资本、技术、流量的绝对优势。一旦确定了座次席位，小公司几乎没有再创新的机会，今天一个普遍的共识是标品品类更适合头部企业和先发优势，没有细分机会和后来优势。所以在携程、同程、去哪儿之后很少看到在机票、酒店、火车票、门票的创业机会出现。

流量型业务是大公司的专属，To C 的创新空间越来越少，留给后来者的机会是什么呢?

这几年看到的都是基于旅行服务的延伸和探索，旅游目的地仍然没有被充分互联网化。

资本遇冷

今天在创投圈，很多投资人达成的共识是“旅游行业不看，旅游行业不投”。虽然有一定程度的绝对和偏激，但也代表了大家看待旅游行业创业的心态。经过过去几年的火爆投资，投资人学会更加冷静地看待旅游业，也都发现旅游行业投资回报长、链条复杂、回报率低等特点。

今天旅游创业拿到早期天使和 VC 的钱的机会少了，从 2019 年开始就几乎很少看到旅游行业的创业项目顺利拿到 VC 的钱。资本遇冷，钱不进来，吸引不了人才和新的技术，某种程度上也抑制了旅游行业的创新发展。

OTA的焦虑和小而美的新机会

今天的OTA是普遍焦虑的，即便携程也正在不断寻找新的方向和机会，途牛在疫情后股价长期保持在1美元，同程在疫情以后几乎没有了度假业务，核心业务保留在机票、酒店等流量型业务，这部分业务很多依靠微信的外部流量，而马蜂窝疫情以后在交易型业务上没有看到突破和创新。

OTA集体焦虑的另一面是新旅游公司小而美的新机会。

这几年一些新旅游公司独立于传统旅行和OTA之外，依靠微信公众号的流量红利和私域机会，凭借独立的产品服务设计和运营能力，探索出了一套独立的闭环运营体系，旅行体验较好、受到用户认可、有一定的品牌价值，这是今天看到的相对健康的经营发展模式。

旅行行业的经营本质和底层逻辑

在旅行行业内的创业依然离不开旅行行业的本质。在我看来，旅行行业过去发展这么多年，至少是能够看出一些共性的东西和必须面对的普遍问题。

产品同质

旅行产品创新弱、产品同质化、产品创新难度高是目的地旅游产品的普遍现状。一到夏天和旺季，朋友圈里全是青海湖、西北、云南的产品线路和海报，但是真正的产品差异化非常少。这是目的地属性和资源条件共同决定的，相同资源、相同产品、相同地接、相同玩法，创新有限、执行很难，你提供的产品大家也都在提供，难以形成落地上的产品差异。在集中的旺季别说差异化地接资源可能都是不够的。

服务差异

在今天，如果你以接近的价格在不同旅行公司预订产品线路，很难体会到不同公司服务上的明显不同和说得清楚的实际差异。这同样也因为旅行行业服务属性的制约，如果抛开硬件提升，在旅行服务链条上有价值的服务发挥空间同样有限，更好的服务并不只是体现在态度更好，而是在全流程中做更多实际且用户需要的事情，比起态度足够好，用户需要的是恰到好处和感受真诚。

每个提供服务的人都愿意相信自己的产品和服务是高品质、高标准的，但对用户是说不清楚的。

更好的价格自然对应着更好的服务，需要注意的是在相同价格情况下的服务差异对比。

复杂交付

区别于标品的订单流转，旅行的销售往往是服务的开始。

旅行行业按照价值贡献分为零售商和资源商两个角色，面对用户承诺的一方往往是零售商，零售不直接提供生产和服务，往往将接到的用户订单转交给目的地真正服务的一方，甚至还需要经过多次转手传递到司机、酒店、领队和导游，售前和服务分离，服务环节多方参与、多次的信息传递和众多服务人员的交付让服务体验的执行变得随机和不可控，但品牌对用户的感知是需要确定的，对用户来说假期只有一次、给你的机会也只有一次，所以今天口碑再好的旅行公司都有过“粉转路”。

“听朋友推荐，我给了你一次机会，没想到你们也就这么回事。”

“上次在这预订的体验不错，这次很糟糕，你们变了变了，不值得再信。”

携程、飞猪每天需要面对大量的需求和订单，但不提供任何一个订单的实际服务，需要分布在全球的导游、司机、酒店、服务人员来承接用户预订时候的期待，仅仅依靠标准和体系仍然难以管控到每一个用户最后一公里的实际体验，所以我们常常看到来自平台的投诉、差评几乎是伴随订单量增大的必然产物。

有全流程管控的完善标准和体系尚且如此，其他的旅行公司通过委托地接社、目的地导游和司机来完成订单的实际服务，“麻烦你服务好一点”“这个客人很重要”，用户体验都会留有更大的缺口风险。

零售商想服务得更好，但是资源商无法 100% 做到，资源商也想要全心做好，但链条上的其他角色难以100%做到，这是服务交付上遇到的难题。

高频单次非标

旅行消费是低频的，但是旅行公司的服务是高频的，每一家旅行公司都需要多次不断地服务不同用户。每多一张订单，都需要增加客服、领队、司机相匹配的服务，但旅游服务链条过长，难以将流程标准化。如果多次、不断、面对不同人想要确定的服务就离不开标准化，但实际的标准化在面对领队、司机、车辆、酒店、体验点中都留有不可控的环节，无法标准就无法规模，无法规模就无法复制。

这是旅行创业前应该想到的问题，在面对大量服务需求的时候“面多了加水，水多了加面”的幸福烦恼就会不期而至。

行业人才

一个人在旅行行业想要做到真正专业是个相对的伪命题。每个目的地想要深入了解都需要花费极高的时间和学习成本，如了解马尔代夫、了解云南、了解欧洲，至少需要了解目的地的地理、文化、历史、自然、资源属性、航班、交通、住宿供应、酒店差异、玩法线路。了解一个目的地容易，了解很多目的地必然会受到很大的局限和瓶颈。我不太相信一个人能够同时掌握很多的目的地，你认识的所谓“旅游专家”可能回复你的同时，正在奋力百度或者电话求助，复杂的目的地属性决定了只有少数人在有限领域的专业。

旅游行业长期以来“专家”很多，专业的很少，能做到在垂直细分品类有一些积累和深度了解就已经很不容易了，想要达到真正的“专业”是需要时间、努力和成本的。

规模和品牌

在高度标准化的行业里，规模和品牌可以完美地相互促进，但在旅游行业，服务链条的过长、服务环节的复杂交付、专业化人才的稀缺，这些都让一家企业可以承接的订单有着明确的天花板。一定程度上就意味着适当放弃服务的坚持和自身模式的改变，服务的人数多了、交易规模大了，品牌就暴露在更大的风险中。

服务100个人好评容易，服务1000个人满意不难，服务10000个人差评几乎难以避免。

规模和品牌，小有小的自由，大有大的代价，似乎很难看到可控的平衡。

未来10年可能存在的创业新机会

在知乎、在行和知识星球上，常常有人向我提问，“旅游行业真的没有创业机会了吗？如果有，是什么？”

我的理解是每个行业在任何时代的任何阶段都有一定的创业机会和空间，道理很简单，我们的社会和行业在向前发展，会有新的要素和需求显现出来。换个角度去理解旅游行业的创业，可能我们今天和未来面临的阶段和机会恰恰是一个行业发展的常态。只不过是过去互联网新技术、资本的出现加热了这个行业，导致大量的创业项目出现又在风口过后快速消失。

创业不是一件随意的事情，需要对行业、商业、用户、经营、流量等有相对综合的理解和积累。

今天来看旅行行业的创业，还有哪些空间和机会呢？

说几个我个人看好的领域和方向。

新旅游，小而美

这种类型的企业是我长期研究和关注的一类，总的来说有这么几个特点：规模小、专业细分、有产品原创能力、利润高、自有用户运营。

如果一个企业能够做到这样的闭环经营，规模可能不大，但是足够健康，区别于今天看到的一些企业他们深耕某个领域、人群或者目的地，基于某一类细分人群和市场，如户外、亲子、旅拍、老年游、研学，做到足够的专业能力和对应圈子的影响力，核心是有自己信任的用户，不需要支付昂贵的获客成本。

今天看到的稻草人、游侠客、32号、行影、VIVA都是小而美的代表，他们中有些已经超越小而美，开始探讨全国性旅行品牌的机会和可能。

To C和To B

前面提到过，整体上我觉得To C的体验被大公司在过去几年改造得很好了，留给后来者的创新空间不多了。即便有很好的方向，携程等流量巨头会以碾压的方式快速抹平先发优势。

某种程度上说，过去几十年旅游互联网的发展，是整体性忽略了To B行业的，旅游行业的基础设施和底层服务还是非常传统，4万家旅行社里很多没有自己的官网、ERP、内部系统，还在依靠Word、手填单完成信息交互和数据流转。B端的效率还有极大的提升和优化空间，能够把这件事情做好的公司或个人，要求又很高，需要懂旅游行业、有互联网的技术能力，还需要技术资金投入且能够长期坚持。

这是行业的数字化领域，还有什么呢?

旅游行业的从业人员水平、互联网意识、行业内有价值的内容平台、目的地资源的交换效率、行业内人才体系的建立等都是缺失的。我在创立谱见的时候感叹，大家都说旅游行业很传统，我发现旅游行业的媒体平台也很传统，旅游行业的从业人员一直缺少有价值的内容、服务平台。

谱见文旅的定位是旅游产业服务平台，影响和改变下一个旅游10年，帮助4万家旅行社学会经营，提高目的地的资源效率。

选地接是长期为大家发现目的地的优质资源，让目的地资源方把精力放在产品和服务的交付上，而不是像过去一样重销售、轻产品。

一家银川的地接社，如果他们去做一线、二线甚至三线城市的推广，会怎么做呢?

两种路径：

（1）招销售，用销售去开拓渠道、传播产品；

（2）淡季带着公司的核心骨干每个城市见客户。

这两种路径效果上肯定是有的，但效率有些低。

参加选地接以后呢?

直接获得了50个精准咨询，添加了渠道方的微信，目的地有新的资源和产品更新，可以及时同步在群里，资源和渠道可以建立实时的互动和联系。

长期以来，旅游行业的地接社缺流量、缺品牌，缺来自市场、用户的声音，他们可以执行，他们什么都可以做，但他们缺少有人告诉应该怎么做、怎么改变、怎么适应渠道。

地接社一定要把很多精力花在找客户上吗？离资源更近的一方不应该把精力花在产品研发和落地执行上吗？

从地接社去找流量，到流量来找地接社，这是选地接带给目的地的变化。

除了选地接，我们还做了新旅游大学，帮助旅游行业的产品、运营，提高互联网的能力和水平，产品如何设计、文案怎么写、流量怎么做、用户如何运营、品牌如何定位、社群如何经营等，都需要以互联网的经营思路重新优化。

B端行业效率提升的机会还有很多，未来10年，旅游行业所有To B的服务都值得再做一次。

拼包车

这是我个人非常看好，又没有精力和机会亲自去做的一个方向。

前面提到旅游行业的服务链条很长、交付环节很复杂、旅行体验难以做到100%的把控，有没有解决的方法呢？

如果看整个人类社会的生产效率，最高的方式一定是人人为自己打工，这些年出现了很多的服务众包平台，如外卖、在行、微医、滴滴等。每个人为自己打工为自己经营，不需要企业的强管理、强干预、强监督，最大化地发挥了人们的主动性和服务意识。

旅游行业的服务水平得不到保证的原因是很多劳动付出得不到及时的正向反馈，而旅游行业又是依靠一个个环节的串联和每个具体的人的服务叠加出来的整体体验。客服、导游、司机、服务员等都是个体，现有的生产协作方式将他们以捆绑的方式来做整体的服务交付，效率是不高的。

今天的抖音、公众号、小红书，甚至是微信号都是让每个人的表达和连接效率最大化，如果把旅行目的地的交付环节打散不做整体交付呢？

客服开始为自己打工，提供专业细致的咨询预订服务，按次定价和付费，服务结束有评价和反馈。

司机拥有一辆自己的车，每次服务结束都有客人的评价和反馈，不断积累数据化的标签，下一位用户预订的时候可以看到这位司机师傅是很会摄影还是擅长讲解。

导游不再绑定旅行社，开始与用户直接发生预订和联系，用户可以选择自己喜欢的导游，导游也基于实时认可和反馈，不断调整自己的服务，努力把每一位用户服务好。

……

用户只要提前预订好机票，到了目的地就被目的地的导游、司机接待，提供游玩、预订的一系列服务。游玩结束后，用户对导游、司机进行评价，这些评价不断累积，成为一个导游、司机等服务个体的终身标签。

这种模式在很多行业已经渐渐有了趋势，律师、司机、老师等。未来，整个社会的效率提升可能是来自细分协作和个体崛起，这是外卖、滴滴经营模式给到我们的启示。

短视频平台的新流量红利

公众号时代诞生了一大批的旅行创业公司，在视频时代有没有可能呢？

有，而且更快。但专业的视频运营能力不是旅游行业精通和擅长的，目前来看，旅游行业里的现有公司都没有把短视频玩好，但旅行公司天然离内容很近，旅行目的地的美景又非常适合视频这样的表达和交互方式。

有一位广州的短视频公司创业者找到我，他们在疫情期间利用抖音、视频号等短视频平台获取了 10000 个私域用户，在 3 个月内转化了 1000 个云南订单，这个获客能力和经营数据已经超越了很多经营多年的旅行社。

他们的用户画像是什么呢?

三线城市的小镇青年，这些用户有一定的经济实力和消费水平，但因为出行很少，不一定都有携程、飞猪这样的 App，又不习惯去传统的旅游门店，但短视频占据了他们的空余时间，交易就在短视频到微信号里发生了。

客单价普遍在多少呢?

3500 元上下。

我对创业的一些理解

在写这本书的时候，我也终于走上了文旅创业之路，之所以用“终于”是因为我对创业有一些自己的理解。早期的职业经历是在公司求职打工，正好赶上了在线旅游发展的好时候，快速地提高了自己的能力和行业视野，从校园到工作到自己创业，永远在关注和思考整个中国的旅游行业。这样说倒不是体现自己的格局多大，我的内心一直觉得中国旅游这么大的行业，我一定会为之做点什么。一定不是简单地混份工作，所以很多思考的出发点确实和周围的同事不一样。

另一个“终于”是在于，曾经有很多次的创业机会，但那个时候内心总觉得缺了点东西。2019 年有一位头部 OTA 公司的董事长，准备投资我们 300 万元来做旅行细分领域的创业。我花了一晚上的时间来思考，几乎整夜没有睡觉，精神高度紧张地度过了一夜，最终还是放弃了。现在回过头来看，再选一次还是一样，创业就是一股劲，劲没到，是很难做成的。

今天再看自己走上创业路程，我更觉得这是一个自然而然的过程，没有什么轰轰烈烈，不过是一件事，你觉得有机会、对行业有价值，你做起来又有一些优势，那就试试来做嘛。是不是“创业”就是个说法的问题，中国的创业风气里喜欢务虚而逃离本质，好像一说自己在“创业”，成功、失败先不说，感觉就已经不一样了。

我们 30 岁经历了职场、行业变迁，也积累了资源和视野的时候，看待事物更容易抓住本质，而不会被浮躁的东西牵着走。在修为不够的时候，总是会有一些年少气盛。

今天怎么来理解创业呢？分享几个我的思考。

创业是需要学习的。

所谓的学习不仅体现在创业方法和技巧上，决定创业成败的关键因素，我认为是创始人的价值观和商业思考的正确。比如如何理解商业、如何理解价值、如何对待用户、如何理解管理、如何对待员工、如何理解用户……这些价值观层面的理解决定了创业过程中每天大大小小的决策，无数个决策最终影响创业的成功与失败。

比如，你理解流量的本质是和目标用户连接的一切触点，你就会关注流量质量、流量节奏和流量多源，就会理解从商业地产的 location 到搜索广告的排名再到用户时间的占据，本质都是在争取和用户连接的机会。理解这些，今天的私域流量就很好理解了。

比如，你理解用户运营的本质是经营信任关系，面对用户投诉你就会在看得到的眼前利益和看不到的品牌影响之间轻易地做出选择。

比如，你理解用户付费的前提是建立信任，你就能清楚地知道企业在用户从咨询到购买之间的一切努力都是在和用户之间建立信任关系，如广告、品牌、产品表达、客服话术等。当积累的信任关系大于用户的心理防御，付费只是水到渠成的结果。

这些都是创业的底层。

重新理解自己

我们真的了解自己吗？

我觉得大部分人并没有向内看自己，或者真正地看到自己，包括自己的优点、性格、缺陷、思考方式、决策水平、领导力、能力，哪些擅长，哪些比较弱等。我在最近的对自己的复盘中，发现我有明显的几个缺陷，如在关键事情上的决策速度比较慢、做事情追求完美对周围的人形成苛刻和压力，性格偏急躁。

真的能够看清自己并坦然接受的那一刻是幸福的，因为你知道哪些你不能做，哪些能力不具备从而采用不同的方式去弥补，在寻找合伙人的时候，也知道如何形成互补和信任。

理解自己第二个维度是我的长期需求是什么，我想最终成为什么样的人？

这一点特别重要，长期需求决定短期行为。一个人底层的需求感决定了很多事情的取舍，这关乎了你的初心，为什么要创业。是追求收入上的小富即安还是长期的财务自由？是追求做一个体面的职业经理人还是自我价值的真正实现？

理解自己的第三个维度是创业心态，创业和打工有着明显的不同，打工是安全的，收入是固定的，责任是有限的，可以随时喊停的。创业是危险的，收入是不固定的，责任是无限的，一旦开始是要承担来自投资人、股东、合伙人、员工、用户的无限期待的，需要对他们长期负责。

理解自己是长期话题，我觉得一个人只有真正经历了一些事情，才能看清和理解自己，有些该走的路是省不掉的。

重新理解竞争

每个行业的竞争特性不同，带来不同的创业机会。

比如，几乎所有标品的竞争，线上化以后都成为流量生意，标准化意味着规模化，带来的是充分竞争，充分竞争的结果是只有头部没有长尾，如火车票、机票。

非标品的竞争都是不充分竞争，不充分竞争的结果是没有头部，或者即使有头部占到的总体市场份额也很小，留有大量的长尾机会，如餐饮行业、休闲度假行业。

今天的竞争是全方位的竞争。

今天的竞争不是单点的 PK，而是全方位的竞争，包括产品、服务、资源、人才、营销还有认知水平等，创业其实是一种“势能”累积后的自然选择，如果综合实力跟不上，很难在激烈的竞争中走到最后。

同行相轻是中国式话语里很有意思的一个现象，字面的意思是因为所处相同的行业和竞争环境里，相互看不起，甚至提防和诋毁，但同行相轻恰恰是一个暴露愚蠢又对经营无实际帮助的行为。

相反，一个被忽略的真相是大多数同行都不是你的竞争对手。

很多人觉得自己所在行业的一切商业体都是自己的竞争对手。在旅游行业，你是一家旅行公司，其他的旅行公司一定和你构成竞争关系吗？

不是的。

一个常常听到的感叹是：今年这条线路低价的太多了，做品质的旅行公司竞争不过。

这里忽略的大前提是用户群体是同一拨人，但喜欢低价游和喜欢品质旅行的不是相同群体。被低价游吸引的人确实越来越多，但即便没有低价，他们也不会选择你。

定位是长期选择，定位划分竞争、筛选人群，定位之外的热闹与荒凉其实和你关系不大。

旅行行业是供给极度分散的行业，很多体量小的旅行公司，一年的营收几百万元、几千万元，规模上亿元的公司可以算是腰部以上。

一个很有意思的现象是有一批一年几百万元营收的公司天天关注同行，担心着竞争。

十几家加在一起凑不到一两个亿的生意，放到中国旅游的大盘里不足万分之一。6.5万亿元的生意，你只做了几百万元、几千万元、1个亿，真的还太小了。

1个用户没有选择A公司，很大概率也不会选择你天天关注的和你定位相同的B公司，他们可能选择了另外的99.99%。

就像班级里排名第2的同学需要竞争的不是班级里的第1，应该是更大空间里省级的竞争。

应该关注的竞争不是同行，而是用户不断变化的需求。

商业竞争中无数个经济体围绕用户需求不断地优化迭代，你和你的同行都死了，需求还在，关注同行不如关注用户。

如果身处相同的赛道，大家围绕同一拨用户群体共同努力和探索，适应变化着的用户需求，共同做大市场的增量。面对同行不妨格局大一些、开放一些，这个时候都是朋友，至于竞争，等长大了再说。

在旅游行业，有携程还有飞猪、有去哪儿还有途牛、有同程还有驴妈妈、有穷游还有马蜂窝、有途家还有爱彼迎，谁在和谁竞争？

市场是足够大的，没有人可以做全部人的生意，把足够的目光和注意力放到用户和自身的经营上，才是最该考虑的事。

竞争是必然的。

竞争是客观存在的，不必有意忽视竞争对手，对手确实做得好，是应该模仿、学习和超越，同行相轻是很狭隘的做法。

同时，中国的市场也足够大，没有人可以做完全部的生意。在旅游行业有携程、有途牛、有飞猪、有马蜂窝，还有同程，电商行业有阿里、有京东、有严选，还有拼多多，大企业尚且如此，创业时候的业务体量，几乎构不成直接威胁和竞争。

最该关注的竞争是用户的需求，不能自欺欺人盲目自信地忽视对手，也不能把所有的目光都盯着对手，创业之初应该立足一个小点，把目光放在用户的需求上，关注对手是手段，真正满足用户的需求才是目的。

重新理解品牌

品牌是积累用户信任的容器，也是降低企业交易成本的工具。

尤其在高客单价、重决策、体验不可逆、同时购买和体验分离（提前预订期较长）的行业里，购买决策的风险性较大，这类企业竞争到最后都是品牌的竞争。比如，休闲度假行业、婚庆行业等，最后都是需要依靠信任来降低用户决策和交易的成本。

“我要为 30 天以后的旅行提前支付 6 万元钱，不放心怎么办？”

“您放心，我们是携程。”

“国庆有哪里推荐？我想带家人去玩玩。”

“我们的新疆不错，这条线路你看看。”

“嗯，付好了。”

“你还没看线路。”

“不用看了，你们是稻草人。”

品牌要有价值感

品牌是一门很深的学问，我懂得不多。唯一有感触的就是要给到用户明确的价值感，最好有一定的辨识度，10个人里面2个人理解不到你想传达的意思和价值就一定不能用。比如，“好的旅行没那么贵”“用心对待每一次出发”都是有明确价值感的。

品牌要有价值观

品牌一定要有的价值观就是真诚，不狡辩、不掩饰、不侥幸，长期真诚地对待用户，收获远远大于无数次的小聪明。

用户提前退改没有真实费用产生的时候，真的向用户退钱了吗？

用户境外需要帮助首先考虑的是算账还是帮助用户解决问题？

这些理解和商业选择都是创始人的底层信念和长期价值观。

重新理解价值观

我在今天，越来越觉得一个人的价值观太重要了。从长期来看，你只能喜欢、领导和信任那些你喜欢的人，这个喜欢往往是有着相同或相似的价值观。无论是婚姻中的长期关系，还是合伙人的选择，还是领导你招聘的员工，都是在价值观上和你有着相互认可的人。

同时在商业的价值观上，需要有一些清晰的底线和原则，如坚持只要合作一定是双赢的，一定是给对方真正带来价值的，坚持商业世界中是要守规则、有信用、讲契约的，坚持利益分配上一定不能让对方吃亏，坚持对待他人一定是不作恶的。

这些底线和原则构成一个人的边界和确定，这些确定会帮你不断地积累人品。

一个人某一天走向创业一定是一个自然而然的过程，有时候事是对的，你的积累不够、理解不够，就是做不成。我们创立谱见是因为过去的 4 年里，通过原创内容积累了有价值和信任我们的用户，同时我看到了旅游行业 B 端大家存在的很多痛点，没有人去做，我们来做可能是有价值的。大家是需要一些好的理念、思维去看向未来的，那评估下来，我们来做好像是比别人的理解多一些、效率高一些、做得好一些。加上我自己的积累也差不多了，打工高收入也很难持续地吸引我，那就下场试一试吧。

这是我自己的创业逻辑，不一定具有代表性，但也是文旅创业最真切的理解和感悟。

4.2 旅行创业的他们为什么失败？

旅行是个美好的词汇，除了可以给人带来诗与远方的美好向往，也常常给人带来创业的冲动。

在 2000—2020 年的 20 年里，伴随 PC 互联网和移动互联网对旅游行业的渗透改造，旅游行业出现了无数个大大小小的旅行创业公司，有的经过了时间考验，在今天继续为用户服务，更多的是折戟沉沙，消失在人们的记忆中（表 4-1）。

2020 年，也有很多曾经的中大型公司，出现了倒闭、破产，回看过去 20 年的旅游创业热潮，对参与其中的人来说，既是一场硝烟也是一场好梦，今天回过头来看过去 5 年、10 年里出现又倒下的无数家旅行公司，唏嘘不已，皆是往事。

表 4-1　旅行创业公司信息整理

公司名称	创业方向	成立时间	创始人	融资进库	融资时间	融资金额	经营现状
6 人游	定制游	2013/11/21	贾建强	终止上市	2019/4/1		经营
趣旅网	全球海岛度假	2010/2/11	栾杰	B 轮	2017/1/5	近 4000 万美元	经营
世纪明德	青少年夏（冬）令营组织	2007/6/14	刘利雷	暂无			经营
要出发周边游	周边游	2011/10/20	丁根芳	D 轮	2016/4/18	5.5 亿元人民币	经营
周末去哪玩	周边游	2013/9/11	张文龙	A 轮		千万级人民币	经营
琥珀亲子游	0～14 岁的家庭亲子旅行	2014/11/25	杨利	暂无	不详	不详	经营
麦淘亲子游	3～12 岁亲子旅行	2014/12/29	谢震	B+ 轮	2018/7/5	千万级美元	经营
一块去旅行	周边游	2012/7/31	陈作智	定向增发	2016/9/20	3679 万元人民币	经营
我趣旅行网	出境自助游预订平台	2014/1/16	黄志文	暂无			经营
游心旅行	定制游	2014/3/19	蒋松涛	C 轮	2017/8/24	未披露	经营

续表

公司名称	创业方向	成立时间	创始人	融资进库	融资时间	融资金额	经营现状
指南猫旅行	定制游	2013/5/8	任静	B轮	2018/8/20	未披露	经营
自在客	民宿预订	2011/4/2	张志杰	A轮	2015/11/25	数千万元人民币	经营
路书	定制游	2014/10/31	程小雨	A+轮	2019/9/24	千万级人民币	经营
无二之旅	定制游	2014/9/17	王志远	暂无			经营
妙计	定制游	2014/1/14	张帆	B轮	2015/9/14	2000万美元	经营
租租车	全球自驾游	2011/7/28	李斌	C轮	2019/5/8	数千万美元	经营
惠租车	海外租车	2014/4/23	黄昊鸣	并购	2020/3/30	未披露	经营
Bikego	专注目的地日游体验的服务商	2015/2/6	毕胜	A轮	2019/2/14	未披露	经营
行影旅行	青年社交旅行品牌	2016/12/16	蔡腾昌	天使轮	2017/7/19	数百万元人民币	经营
32号旅行	轻户外旅行互联网平台	2015/5/11	范叶锋	天使轮	2016/11/15	未披露	经营
皇包车	中文包车预订平台	2013/7/22	孟雷	C+轮	2019/6/25	5000万美元	经营
面包旅行	旅行内容记录分享	2013/2/17	李爽	C轮	2014/12/21	5000万美元	经营
八爪鱼	B2B旅游	2011/12/27	袁栋	C轮	2018/4/9	6亿元人民币	经营
蜜游网	蜜月旅行	2014/11/14	李锐	天使轮	2016/5/6	800万元人民币	停更
出国去	出境自由行	2011/9/9	黄梅花	不详	不详	不详	停更
丸子地球	全球中文向导服务平台	2010/10/12	宋海波	A轮	2016/1/29	数千万元人民币	停更
来来会	出境自由行特卖	2010/12/10	胡国东	B轮	2014/8/1	1亿元人民币	停更
海玩	境外玩乐	2013/11/13	孙润华	B轮	2015/6/5	1000万美元	关停
减你玩	日韩民宿预订	2014/10/15	刘腾飞	Pre-A轮	2016/8/30	未披露	关停
米线用车	境外接送机专车	2011/7/21	谢中	A轮	2015/9/16	500万元人民币	关停
哈达旅行网	P2P模式出境游	2013/6/13	郭剑锋	A轮	2014/8/14	数千万元人民币	关停
舌尖旅行	美食、社交旅行	2014/6/26	熊皓	天使轮	2014/9/1	数百万元人民币	关停
爱旅行	旅游特价平台	2013/7/1	袁伟	A轮	2014/5/8	未披露	关停
淘在路上	出境自由行特卖	2011/9/9	陈伟	C轮	2016/4/10	未披露	关停
布拉旅行	度假、精品酒店的导购平台	2012/3/2	徐雷	A+轮	2016/9/2	千万元人民币	关停

续表

公司名称	创业方向	成立时间	创始人	融资进库	融资时间	融资金额	经营现状
麦兜旅行	休闲度假游零售商	2014/7/24	周翔	A轮	2015/1/31	数百万美元	关停
游谱旅行	行程规划	2014/4/21	李小坚	A轮	2015/9/21	数千万元人民币	关停
百程旅行	出境游服务商	2000/8/8	曾松	股权融资	2019/4/5	未披露	关停
世界邦	定制游	2012/9/26	赵新宇	B+轮	2015/11/18	1000万美元	关停
泡泡海	海岛旅游服务	2012/4/24	李蓉	暂无			不详
童子军户外	青少年户外旅游	2014/5/29	冯铄	天使轮	2015/4/13	300万元人民币	不详
辛巴达旅行	家庭定制	2010/7/6	潘云龙	A+轮	2016/11/8	数千万元人民币	不详
唐人接	海外专车品牌	2015/5/14	安晶	并购	2017/1/3	未披露	不详

谱见文旅梳理了过去10年里不同阶段的创业公司和创业方向，沉舟侧畔千帆过，今天来看过去失败的旅行创业，他们为什么失败？有没有留给后人一些启示和意义？

从我的观察给出一些自己的理解：

情怀大于商业

我常常接到一些年轻人，尤其是海归留学生的创业咨询，满怀热情地拿着他们的创业项目问我怎么样，他们喜欢旅行、周游世界，也对当下的旅游行业多有不满，对旅行和旅游行业有着自己的独到理解，希望改变。

我就见过主打美食旅行的、户外旅行的、社交旅行的、城市达人旅行的、女性旅行的甚至青年人旅行的，选择上似乎都值得去尝试，但缺乏对行业底层的理解和一定的商业训练，如流量从哪里来、每个获客成本是多少、谁来服务、如何管理、如何交付、如何运营，这些都没有充分地思考清楚。

情怀大于商业的不只是年轻人，还有一些背景不错的创业者也会过多地加入自己的情怀，缺少商业理性。创业是一项经营行为，需要前前后后理性地思考清楚价值、用户、流量、交付、财务等一切具体而又实际的东西。

创业是一个人综合能力和长期积累的集中体现，如果缺少对商业常识的基础理解，有的失败可能在创立之初就看得见。

过度依赖投资输血

过去依靠 VC 起来的创业公司，在产品本身上没有太大的创新，更多的是学会了互联网的补贴打法，其中淘在路上就在 2014 年拿到融资以后启动了大量的补贴，每个泰国自由行人均补贴 500 元，毛利是放在一边的事情。没有产品服务创新，单纯依靠补贴吸引来的汹涌流量，也在补贴结束以后毫不留情地汹涌而去。今天来看当初的这些行为觉得不可思议，但在当时的行业环境下，补贴是很正常的事情。

2014 年的时候我还在同程旅行，也是同程旅行和途牛旅行掐架最凶的时候。在线旅游的座次还没有落定，大家都在疯狂地补贴抢用户。最夸张的一件事，我们当时的 KPI 考核不是毛利多少，不是赚了多少钱，而是补贴额度有没有花掉。比如，一个出境海岛小组给你的月补贴额度是 100 万元，如果只花掉了 80 万元，是需要扣绩效的。“让你亏的时候，你要果断地亏。”整个行业在当时的环境下需要用补贴来换用户，但这是独木桥游戏，最终走过去上岸的只有几家资金雄厚的大公司，小公司都是陪跑。

类似的几家上海明星创业公司在资本进入旅游业的时候拔地而起，也在资本离开之后轰然倒下。

单位经济为负

上海有一家公司叫布拉旅行，早期依靠度假酒店的预售模式，市场推进很快，最终动用了用户的预付款，资金崩盘导致破产。

布拉的酒店预售模式在商业逻辑上有一定的合理性，也有成功案例，今天依靠长三角做轻奢酒店预售套餐的公司还有很多，甚至做得还不错。布拉倒下的很大原因被认为是步子迈得太快，本来的经营节奏需要不断打磨产品和团队，把单位的经营利润做到正，再开始有节奏地推广和扩张。

也许一旦成为风口上的猪就必须跑得更快，在没有算好单位经济模型UE和用户长期价值LTV的情况下的疯狂扩张，容易带来崩盘。

据说布拉在后期为了吸引更多用户加入增加预收款，开始以比资源价格更便宜20%甚至以酒店给不到的低价来吸引用户，再后来出现公司倒闭新闻后，引发舆论效应和用户挤兑，最终倒闭在2017年的冬天。

最小的业务单元没有盈利，又没有长期的用户价值和行业创新，在用户端不具有网络效应，这可能是一开始注定的失败。

总的来说，创业就是和自己的一次对话，创业者也是天生孤独的，从职业到创业，从个人到公司，创业都会放大自己的优点和缺点，也是持续对自己能力、性格的长期修行。

站在2021年，以事后诸葛的眼光回望过去似乎总是看得明白。但面对创业者的评价，不能仅仅以成功和失败来论断，这样显得太过功利。曾经每一个决定出发的创业者也一定是怀揣信心希望带给这个世界、这个行业一些正向积极的改变，很多今天的商业认知也是在前人的探索里得出的，一个行业持续向前的道路并不都那么顺利，无论成功与失败，我们提到他们的时候，都应该报以尊重。

4.3　永远只做5%的生意

新老旅游直观的区别体现在经营模式的差异，但模式的背后是经营理念。

怎么理解用户？怎么看待产品？如何选择经营？每一个选择的背后都是思考和理念的千差万别。

如何选择用户？

这是一个挺有意思的话题，之前也分享过关于今天经营中的用户、有效用户以及健康的有效用户的区别。延伸开来看，还有一个关于今天大部分、普通人、小公司在接下来的经营逻辑。

为什么要只做5%的生意？

品牌定位

定位决定了选择，定位也决定了主要市场和目标用户，尤其是在旅游行业。大部分公司是缺少明显定位的，很多公司的业务范围涵盖：机票、酒店、跟团游、定制游、会议、团建、亲子……也就是只要你有需求我都能做。

但这不是今天和未来的用户喜欢消费的品牌和公司。

用户开始喜欢美的、精致的、有格调的消费品牌，在用户面前塑造有个性、差异化、标签感明确的旅行品牌成为新旅游公司的一个努力方向。

一个没有定位、缺少标签的旅行公司很少被用户记忆、传播和推荐，即便是携程，也很少有用户向周围推荐自己的携程预订，但会有用户向朋友推荐自己的旅行来自“××旅行，他们家还不错，线路都是自己设计的，玩得也很开心”。

你细心地看，很多新出来的旅行公司只要出现的时候都是伴随着定位和价值观的，“我做什么的，什么人该关注”非常明确。

没有特点和个性，缺少标签和坚持，很难被吸引和喜欢，品牌要给到用户方便的记忆、传播和推荐，你希望用户在向别人介绍自己时说什么？

“他们，我也说不清楚，你看看吧。”

“他们专门做老年人旅行的，比较不错，可以看看公众号。”

“他们做团建旅行的，经常带不同公司团建。”

“他们做中产旅行，价格比较贵，但是线路确实玩得好。”

“他们做户外旅行的，年轻人很多，线路很小众，都很好玩。”

……

这是5%带来的传播。

保证交付

一个能做全部人、全球旅行生意的公司是怎么做的呢？

上一秒问了用户想去南极，下一秒开始在朋友圈和微信群询问，哪家可以做南极？拿到行程和方案以后，对价格稍加修改，丢给用户。如果用户有反馈和持续咨询，一段长时间的对话搬运就开始了。

类似这样核心领域以外的业务，旅行公司从中提供的专业价值是非常小的，整体的交付水平都会不可控，把用户体验交给了运气和随机。

在今天全面互联网时代的商业经营中，大部分、普通人、小公司想要长久、健康地经营下去，除了做用户心中“一直的好人”是没有其他选择的。

坏的比好的传播得更快，超出能力范围以外的业务也会超过自身的服务交付水平，给经营留有很大的风险和缺口，用户交给你的是信任，留给你的是未来，遇到能力范围以外的钱，更要慎重。

真诚不一定是真的善良，真诚可能是洞察以后的主动选择。

这是5%带来的健康。

体面、尊重、认可

用户不是上帝。

商业的本质是价值交换，用户选择你而付费，是因为你提供了匹配价格需要的价值，是基于需要、认可、交付和满足，始于用户需求、基于认可选择、实际交付完成后满足需求，这个过程双方的地位应该是平等的。

实际中为什么常常会有不平等，或是甲方心态？

很多时候是用户的思维定式，花钱的一方很容易把自己当作甲方，用户的心态无法改变。

但也有很多时候，是自己的价值积累得还不够，导致用户的不理解、不尊重。

价值不够，用降低 3 分的态度来补，把用户抬高，把自己降低。

用户的甲方心态无法改变，但可以选择，好的品牌都有保持自己选择用户的权利。

一个付费用户的不尊重，过于甲方心态的高姿态，应该更早地沟通和拒绝，不应该是唯唯诺诺、一切照办。

有的流量不要你，有的流量你也不要，做经营需要赚钱，也需要体面、尊重和认可。

这是 5% 带来的从容。

专业、细分、聚焦

2021 年的 4—5 月，西双版纳和海南目的地比较火爆，很多旅行公司都在寻找专业的目的地资源方，如亲子、研学、户外、主题相关的特色资源和产品，产品需求上不再满足过去的常规行程和传统玩法，而是在亲子、自然、研学、户外等主题上有原创自研设计和目的地资源优势组合的新玩法、新产品，甚至需要全职领队、车队构建起来的全闭环落地交付能力。

无论是流量方旅行社还是资源方地接社都需要面向用户、面向产品的定位、细分和聚焦，只有聚焦才能专业，才能在相同的目的地做出市场的差异化。

云南的雨崩村，今天在旅行市场的体量不算很大。从7年前的一家户外地接社进入雨崩，到今天做到了这个目的地体量的绝对第一，在丽江、香格里拉、雨崩村自建酒店，因为发团高频，可以驻村设置摄影师为用户拍照，建立自己的全职领队，从布局资源到用户体量，从服务交付到闭环管理，竞争力和标签慢慢显现。

中国旅游经过过去20年的发展，粗放的经营机会已经变得很少，只有专业、细分、聚焦才能做出明显的差异化和用户体感。

这是5%带来的专业。

5%的生意小吗?

5%是主动放弃，主动放弃的是每个近在眼前的订单诱惑，但放弃掉不符合的人，也会吸引来符合定位的人。

看得到的是眼前的失去，看不到的是未来的增长。在中国这样大的旅游市场规模下，任何一个细分领域的定位都可以支持起一个不错的小生意。前提是有明确的标签和差异以及足够的专业。

每次走到不同的城市，都能发现这个城市还有人做这个的、做那个的，做得都很好，5个人1000万元的年交易，对于大部分、普通人、小公司，这个生意小吗?

这是5%带来的规模。

好的生意是相互认可后的相互成全。

对于今天大部分、普通人、小公司来说，经营逻辑变成了做好5%的专业领域，选择5%的目标用户。

5%的主动选择可以带来传播、健康、从容、专业和规模。

我看到无数个小而美正在撑起新旅游的下一个10年。

4.4 旅游行业提高毛利的 8 项实践

在很多人的认知里，旅游是一个低毛利的行业，行业平均毛利不到 5%，做得不错的毛利 10% ~ 15%，超过 20% 已经让人惊讶，40% 一定是在骗人。

真的是这样吗？

现有的行业现状确实如此，但是低毛利是结果。导致的原因大概有两个：创造价值少、中间环节多。创造的价值少，获取的收益就很少；中间环节的增多，有限的价值需要多次分配，每个环节的剩余利润就很少。

但，这是过去旅游行业的产业链条和生产方式决定的。

在未来，导致今天低毛利的要素有没有可能发生改变？旅游行业挑战和突破更高的毛利空间有哪些机会和可能？如果有机会，应该怎么做？

分享一些我看到的努力和尝试：

忘记成本定价

旅游行业的长期定价习惯是成本定价，在核算好产品成本以后，看下公司的毛利要求是多少，加上毛利后的定价与市场定价进行比较，再做一些适当调整，定价就完成了。

这样的定价习惯会有什么问题？毛利浪费和不精确。

其实你并不知道用户多少钱会买、多少钱不会买。当你的产品定价是 5000 元的时候，如果定价 5100 元每个用户仍然购买，不会因为提价 100 元而失去一个用户，为什么定价不是 5100 元？

当你的定价是 5000 元时，因为多出的 100 元，损失了本来准备购买的 100 个用户，其实定 4900 元，你也是可以接受的。

当定价是5000元的时候，为什么不是4900元或5100元？分别对应的是生产者剩余和消费者剩余，这里面会有很多的浪费和不精确。

除了毛利浪费和不精确，更重要的问题是没有鼓励创新。

成本定价的思维禁锢了突破40%毛利空间的探索，如果每个产品设计者的思维里都是“公司毛利要求是10%”，思考上如此，行为上就不会主动突破和创新。当思维里有了毛利40%的目标，意识上就会去思考多余的30%毛利应该从哪里寻找、如何去创造增量价值。

“求上而得中，求中而得下，求下而不得。”

思维里要首先放弃固有的成本定价思维，敢于突破、寻找和创新，不一定是既有做法的惯性延续。

约定俗成，不一定是对的。

细分人群

更高的毛利不是依靠想象和单次博弈获得的，应该是实实在在提供了增量价值后的重新分配，想要获取更高的毛利空间，就需要努力为产品、用户创造和提供更多的价值。

面对一个充分竞争的市场，为所有的用户创造更高价值获取高毛利，力挽狂澜改变行业和市场，很难。

面对相同产品和服务，在创新有限的情况下，整个市场都是低毛利，想要一枝独秀获得高毛利，不够现实。

也就是说，如果没有超越行业的重大创新和成本优势，如领先行业的生产服务交付方式、极低的流量和资源成本，很难在大众化、规模化的产品服务里获取高毛利。因为量化生产的线路，满足的是大众需求，面对的是众多参与者的充分竞争，难以获得更高的定价权。

怎么办？细分人群、细分需求、细分产品、差别定价。

人群细分带来的是需求细分和需求细分后的充分满足，因为满足了标品线路的多余需求，提供了额外价值，获得了一定范围内的定价权。

创造价值增量

人们为什么旅行？

旅行能够带给用户的不会只是风景，还有风景之外的更多收获，如社交、知识、陪伴、认同、关系的解决方案。

人们购买旅行只是满足需求的解决方案，还有旅行之外的延伸需求值得关注和满足。

上海一家亲子旅行公司告诉我，他们的亲子旅行产品设计之前不会在乎哪个目的地，他们做的第一件事是去分析每个年龄阶段的孩子和父母分别有什么样的需求和痛点，家长和孩子的沟通相处有什么问题，回过头来再看旅行产品能不能做些设计去解决。

因为你比同样的线路满足了用户的延伸需求，提供的价值更多，用户的收获更多，你可以获得更高毛利。

星巴克的咖啡30元，全家的咖啡10元，多出的20元恰好满足的是咖啡实物之外的需求和价值。

服务量化

能不能通过服务的提升获得溢价？

有，但也很局限。

服务是无法量化的，无法量化就会带来说服成本。

“为什么贵？”

“我们服务更好。”

“怎么证明？”

“你来了就知道了。”

旅行购买是前置的，实际体验是后置的，用户更想在出发之前就知道。

知道你有多好的前提，是知道别人有多差。

实际上用户在出发前甚至出发后都无法获得服务的体感差异，用户不了解目的地，旅行也只有一次，不了解别的服务怎样，服务品质上的“说不清楚”，感觉上也没有明确的差异。

服务品质上能不能做些努力？

尽量明确、量化。

这个体验点我有，别人没有。

这个配备我有，别人没有。

这个安排我能，别人做不到。

多付出的钱在出发前是明确的，在出发后是有体感的，无论是服务还是安排，如你错开了拥堵、提高了住宿、提升了餐食、安排摄影师和无人机，这些明确且具体。

除了说服成本，服务提升的溢价在用户心智中也有明显上限，比如5%。

“贵200元，没感觉。”“贵500元，可以接受。”“贵1000元，给我说说到底贵在哪儿。”

直面用户

直面用户经营模式的本质是降低流量成本和获得资金时间差。

很多To C旅行公司的订单来源主要依靠外部渠道，不是不够好，只是不健康。

依靠外部渠道的经营模式让每笔生意都要先扣掉5%～15%的渠道成本，直面用户的经营模式可以节约出这部分的毛利空间。

直面用户的另一个好处是获得资金的时间差，帮助企业获得现金流，“五一”

的时候预订暑假，暑假的时候预订国庆。用户还没出发，钱已经付给了企业，但结算是在用户出行结束的 30 天以后，企业除了获得订单的毛利空间还获得了一笔资金的 3 个月停留，也能帮助企业获得额外收益。

把控资源

直面用户可以提高毛利，获取资源呢?

流量方在今天的趋势是想不断深入和参与到目的地资源中，无论是共同设计、联合开发甚至成立地接公司或者参与投资。

核心资源、独家体验可以获得一定的定价权。

2021 年的旅游市场竞争非常大，2020 年受到疫情影响资源方愿意通过降价、直播各种方式，迫切地想要推广和营销。2021 年，核心资源的合作前提是提前打款，一到旺季都在争抢核心资源。

车辆、住宿、景区、体验，如果能做一些参与和把控，也会帮助提高毛利。

建立品牌

有品牌的贵一些。

品牌的好处是不用通过很强的说服成本向用户证明要多付这些钱，既降低了企业的销售成本，也降低了用户的决策成本。

用户愿意多花一些钱，买到确定性。

所以企业面对小问题的处理成本和品牌的长期价值之间，需要平衡，是在乎当下还是看重长期。

价值延伸

在今天的中国，旅行还没有成为每个人的必需消费品，还有很多人没有出过国、没有坐过飞机，旅行消费就是一次人群筛选。从这一点来看，旅行用户的商业价值是非常大的。

有没有可能通过旅行连接起的用户，延伸做其他的商业服务？携程门店在疫情期间有尝试通过旅居卖房来获得收益，有一些门店和个人效果还不错，这也是一次旅行用户商业价值的探索。

今天的新旅游公司都在探索、寻找更高毛利的可能，他们通过努力可以将现有行业的低毛利提高到 20%～30%，有的可以偶尔超过 40%，但是今天的平均毛利还很少超过 35%，但对比约定俗成的过往，已经是很大的进步。

有没有可能将平均毛利做到 40% 以上呢？我觉得，这个机会是有的。

但更高的毛利是结果，也是挑战和创新今天旅游行业各个生产要素的综合累积，需要围绕价值、定位、品牌、创新、资源做更多的思考和探索。

附　录

附录 1　新旅游经营词汇

Traffic：指网站的访问量，是用来描述访问一个网站的用户数量。

Impression：曝光，是衡量广告被显示的次数。

UV：Unique Visitor 的缩写，独立访客。

PV：Page View，即网站被浏览的总次数。

TP：Time on Page，页面停留时间。

IP：Internet Protocol，指独立 IP 数，一天内相同 IP 地址只被计算一次。

TS：Traffic Sources，流量来源渠道，渠道 A 带来 50 个 UV，入口 B 带来 10 个 UV。

PR 值：Pagerank（网页级别），用于评测一个网页“重要性”的衡量指标。

Alexa：专门发布网站排名的网站。

Click：用户点击。

CTR：Click Through-Rate 称为“点击率”，指收到的点击次数除以显示的次数。

二跳率：用户在页面上产生的首次点击被称为“二跳”，二跳的次数即为“二跳量”，二跳量与浏览量的比值称为页面的二跳率。

跳出率：跳出率是指浏览了一个页面就离开的用户占一组页面或一个页面访问次数的百分比。

CAC：Customer Acquisition Cost，用户获取成本，即你花多少钱获取了一个新用户。

LTV：Lift Time Value，是公司从用户所有的互动中所得到的全部经济收益的总和。

GMV：Gross Merchandise Volume，是成交总额（一定时间段内）的意思。

ARPU:Average Revenue Per User，每个用户平均收入一般按照月来计算，即 ARPU= 月总收入 / 月活跃用户数。

ROI：Return On Investment 的缩写，投资报酬率，衡量一件事情的收益和成本。

静默下单：没有通过客服咨询，用户直接通过页面下单付款。

桑基图：Sankey Diagram，即桑基能量分流图，适用于用户流量等数据的可视化分析。

峰值交付水平：旅行企业在旺季和接待峰值完成的交付体验水平。

CPC：Cost Per Click，即每点击成本，按照单次点击付费。

CPM：Cost Per Thousand Impression，即每千人成本。

CPS：Cost Per Sales 销售分成，以实际销售产品来结算佣金。

IM：Instant Messaging，即时通信，实时传信，马蜂窝和携程、飞猪都提供了 IM 对客沟通工具。

Feed 流：Feed 是将用户主动订阅的若干消息源组合在一起形成内容聚合器，帮助用户持续地获取最新的订阅源内容。

SEM：Search Engine Marketing，搜索引擎营销，SEM 所做的就是全面而有效地利用搜索引擎来进行网络营销和推广。

SEO：Search Engine Optimization，搜索优化的自然排名。

网站联盟：Affiliate Marketing，通常指网络联盟营销，也称联属网络营销，包括三要素：广告主、联盟会员和联盟营销平台。

ISP：Internet Service Provider，翻译为互联网服务提供商，即向广大用户综合提供互联网接入业务、信息业务和增值业务的电信运营商。

Saas：Software-as-a-service，软件即服务。

UI：User Interface，用户界面，即我们看到的界面的设计及美观程度。

UED：User Experience Design，用户体验设计，包括视觉、交互、开发。

UGC：User Generated Content，用户原创内容。

PGC：Professional Generated Content，专业生产内容。

KOL：Key Opinion Leader，关键意见领袖。

LBS：Location Based Service，基于位置的服务，在地理信息系统平台支持下，为用户提供相应服务的一种增值业务。

DAU：Daily Active User，日活跃用户数量。

MAU：Monthly Active User，月活跃用户数量。

SKU：Stock Keeping Unit，库存量单位，可以是以件、盒、托盘等为单位。

SPU：Standard Product Unit，标准产品单位，是商品信息聚合的最小单位，是一组可复用、易检索的标准化信息的集合。

CRM：Customer Relationship Management，即客户关系管理，CRM的主要含义就是通过对客户详细资料的深入分析，做更多用户商业价值挖掘。

动销率：动销品种数/仓库总品种数。

客单价：Per Customer Transaction，每一个顾客平均购买商品的金额，即平均交易金额，客单价的计算公式是：客单价=销售额÷成交顾客数。

埋点：用户行为完整的数据采集，埋点包括全埋点、可视化埋点，在IOS、Android、H5、小程序等前端埋点，也包括后端业务埋点。

抓包：将网络传输发送与接收的数据包进行截获、重发、编辑、转存等操作。

API：Application Programming Interface，应用程序接口，一组定义程序/协议的集合，通过API接口实现计算机软件之间的相互通信，如某些公司通过API对接实现和携程、马蜂窝等平台的产品、订单、库存对接，替代人工搬单。

AB测试：将两个或多个版本，在同一时间维度，分别让两个或多个属性或组成成分相同（相似）的访客群组访问，收集各群组的用户体验数据和业务数据，最后分析评估出最好版本正式采用。

MVP：Minimum Viable Product，最简化可实行产品，互联网用语，验证需求阶段做出的最小成本的产品。

PLC：Product Life Cycle，产品的市场寿命，即一种新产品从进入市场开始直到最终退出市场为止所经历的市场生命循环过程。

Cookie：有时也用其复数形式 Cookies。类型为“小型文本文件”，是某些网站为了辨别用户身份，进行 Session 跟踪而储存在用户本地终端上的数据（通常经过加密），由用户客户端计算机暂时或永久保存的信息。

附录 2　旅游行业推荐书单

这本书看完了，相信你能感受到“新旅游”离不开互联网、数据和对未来商业、用户的底层理解，而我的这些理解和实践认知，一方面源于我的工作经历，另一方面来自日常的大量阅读，以下是我常看且觉得非常不错的经典商业书籍，推荐给你。

互联网企业史:《创京东》《阿里传》《九败一胜》《腾讯传》《参与感》

这几本书分别介绍了京东、阿里、美团、腾讯、小米的创业历程和管理经营方法，可以看到比较清晰的互联网 20 年的发展脉络，对一个互联网人了解过去、了解平台十分有帮助。其中涉及的企业管理、经营思路以及曾经我们看不到但实际存在的企业经营危机，很有参考价值。因为过去 10 年发展的过程正好我们也身处其中，如果你是一个对互联网很感兴趣的人，估计读起来就有很多感同身受，停不下来。

商业经济:《激荡十年，水大鱼大》《激荡三十年》

吴晓波是我非常喜欢的一位财经作家，在生活、工作和理想中间，活成了自己想要的样子，长期关注中国经济的中长期发展，也对基层工人的命运真切关注。

推荐他的《激荡十年，水大鱼大》和《激荡三十年》,《激荡十年，水大鱼大》描写了 2008—2018 年中国经济的十年发展，尤其是互联网，因为身处其中，读来更是感同身受，最大的体会是个人的命运是和时代、国家的命运紧密相连的。

《激荡三十年》细数了 1978—2008 年改革开放的 30 年，可以很好地帮助我们了解过去，以及父辈所生活的年代。

商业经济:《新零售》刘润版

这本《新零售》是我强烈推荐的一本好书，如果你希望了解零售的本质以及新零售的未来，这本书不可错过。目前已经卖到了日本，在国内的经济类图书中更是引起巨大反响，是把新零售讲解得最为通透的一本书。

营销增长:《流量池》

这本书是杨飞写的，他曾经是神州租车的 CMO，目前是瑞幸咖啡的营销操盘者。这本书在 2018 年非常火，几乎很多的运营增长会议都会提到增长、流量池相关的概念，书中对于品牌、投放、增长、裂变都有不错的本质定义和方法，高手看见本质，而普通人只在乎技巧，这就是一本讲述营销本质的书籍。

读后给我的最大感受是，很多东西都知道，但是这本书讲得最为体系，如果对于营销还没有太多概念和积累的同学，收获一定比较大。

运营技能:《运营之光》

同样是讲运营，这本《运营之光》，是把运营工作讲得最为细致的。值得推荐的一点是，对于运营，作者给出了价值观层面的观点，明确哪些事该做，哪些伤害用户但能带来数据的事不能做。

能够围绕本质目的思考而不是增长手段来做运营是一个高阶运营该有的认知。

如果你是从事运营相关的工作，这本书不可错过，技巧能够让你一时走得快，但正确的价值观才能让你一生走得远。

品牌定位:《超级符号就是超级创意》

有一句非常有名的广告语，“我爱北京天安门正南50公里”，相信你一定听过。

提到华与华，相信很多人都用过他们参与品牌服务的公司和产品，晨光文具、黄金酒、黄金搭档、田七牙膏、西贝（西北菜）、厨邦酱油、孔雀城、奇虎 360、得到等。今天，在全中国任何一个超市、药店、书店、小卖部、大卖场、互联网，你都能看到华与华设计的包装和推广的产品。

这本书重点讲的是品牌和广告，同样也是摆脱了技巧层面，直达品牌和广告的本质。

创业管理经营:《以奋斗者为本》

我在同程工作的时候，每周二的早上都是集团的干部晨会，会上经常听到Any总对这本书里面的引用，如“让听见炮火的人做决定”，这本书大多是任正非的内部讲话和邮件。最大的感触是能够学习到管理的本质和经营一家公司，对待员工、对待股东、对待用户、对待供应商都要树立正确的价值观，红利可以享受短期利益，但只有价值观层面的正确，才能走得长远。也许你能从书中找到今天华为成功的深层次原因。

《创业36条军规》《有效管理的5大兵法》

这两本书的作者是同一个人，毕业于北京大学经济管理专业的孙陶然，先后创办了包括拉卡拉、蓝色光标、考拉基金等在内的多家知名企业。2019年4月25日，拉卡拉公司在深交所敲钟上市，孙陶然也同时获得柳传志、俞敏洪、冯仑的赏识，并为这两本书分别站台和推荐。

这两本书一本讲创业一本讲管理，可以作为管理和创业道路上的字典，对于合伙人、企业融资、战略定位、公司治理以及管理道路上绕不开的员工激励、执行、领导力、十二条令等给出了明确的方法论。

体验设计:《行为设计学》

这本书全套共有4册，也是我“种草”已久的一套书，全部阅读完相对费时。《行为设计学：打造峰值体验》《行为设计学：掌控关键决策》《行为设计学：让创意更有黏性》《行为设计学：零成本改变》。

在旅游行业你可能常常听到“我们公司服务好”，每个人都对自己的服务有着充分的认同，但对用户的体验其实并无更深的理解和关注，所有与人接触的行业中都会涉及体验，但体验的背后是有方法论的。比如，一场演讲、一次开会、一次约会、一次送礼、一次节日祝福，你给别人带来的体验也是可以被设计和管控的，应用到旅行的产品和服务设计中。

如何让人更开心?

如何在资源和成本限制的情况下，创造惊喜？

如何更能关注到人以及人背后的情绪？

如何让人对你的印象更加深刻？

为什么记忆深刻的活动结尾都是那么让人难忘？

这一切在《行为设计学》里都能找到答案，行动背后必有动机，行动背后也必有成本。

今天，在旅游产品设计中常常用到的“峰终设计”，最早的出处就是这里。

除此之外，还有如何做好生活中的关键决策，如何以最小的成本获得改变……

后　记

这本书的起点是2020年年末，转眼来到2021年5月。在此期间，为了完成书稿我又安排了国内一些企业的走访和交谈，加上我新创业的公司谱见文旅业务的开展，每天的时间被安排得很满，导致部分内容章节的写作进度有些耽误，终于在“五一”假期可以将书稿全部完成。

这本书的写作经历了长达5个月的时间，在做本书最后内容确认的时候，我又感觉，对于未来的有些描述自己还不是很满意，有些内容的整理还缺少更多的实际案例来让读者理解得更清楚，还有一些我想表达的内容，因为自身视野和经历的局限，现阶段难以驾驭得很好，最终只好放弃这部分内容的写作。

我想对于一个行业未来10年的话题，似乎永远都难以做到准确和完美，这本书的写作虽已完成，但对于未来10年旅游发展的持续关注和探索不会停下，我还是会像过去一样，把对“新旅游”的长期研究分享在我的公众号“Travel星辰大海”和新旅游共创营里。

感谢一直关注、阅读、支持“Travel星辰大海”的每一位读者，每一次阅读、转发、点赞鼓励着我不断分享，从而有机会将这本书集中写作和呈现。

感谢我在同程旅行、携程旅行期间的同事和上级，以及过往认真参与负责的每一个项目，是这些帮我积累了大量的行业理解和业务经验。

感谢在在行上向我付费咨询的151位旅行创业者，他们向我分享的每一个真实而鲜活的创业想法，帮我打开全球化视野。

感谢刚刚阅读完本书的你，感谢你的信任，希望能够带给你一些阅读价值和启发帮助。

也感谢自己，过去10年如一日地在旅行这个领域持续关注、研究、探索，付出了很多的时间、精力，终于在今天可以交付一件像样的作品。如果它能够给这个行业带来一些积极正向的影响和改变，能够长期提高中国旅游者的旅行体验，也就实现了我创立谱见文旅时期待完成的心愿：传递有价值的文旅洞见，影响下一个旅游10年。

责任编辑：刘志龙
责任印制：冯冬青
封面设计：中文天地

图书在版编目（CIP）数据

新旅游：重新理解未来 10 年的中国旅游 / 许义著
. — 北京：中国旅游出版社，2021.8（2024.9 重印）
ISBN 978-7-5032-6742-0

Ⅰ. ①新… Ⅱ. ①许… Ⅲ. ①旅游业发展—研究—中国 Ⅳ. ① F592.3

中国版本图书馆 CIP 数据核字（2021）第 129209 号

书　　名：新旅游——重新理解未来 10 年的中国旅游

作　　者：许　义　著
出版发行：中国旅游出版社
（北京静安东里 6 号　邮编：100028）
https://www.cttp.net.cn　E-mail: cttp@mct.gov.cn
营销中心电话：010-57377103，010-57377106
读者服务部电话：010-57377107
排　　版：北京中文天地文化艺术有限公司
印　　刷：三河市灵山芝兰印刷有限公司
版　　次：2021 年 8 月第 1 版　2024 年 9 月第 6 次印刷
开　　本：720 毫米 × 970 毫米　1/16
印　　张：13.75
字　　数：182 千
定　　价：78.00 元
I S B N　978-7-5032-6742-0